《艺术之约》（音乐卷）
主　编／音　渭　景作人

艺术之约

Beethoven

贝多芬

刘新华 音渭 编著

山西出版传媒集团
山西教育出版社

图书在版编目（CIP）数据

贝多芬 / 音渭，景作人主编；刘新华，音渭编著. -- 太原 :山西教育出版社，2015.9

（艺术之约）

ISBN 978-7-5440-5698-4

Ⅰ.①贝… Ⅱ.①音… ②景… ③刘… Ⅲ.①贝多芬，L.V.（1770-1827）-传记 Ⅳ.①K835.165.76

中国版本图书馆CIP数据核字(2015)第054112号

艺术之约·贝多芬

（YISHU ZHI YUE BEIDUOFEN）

音渭、景作人 主编 刘新华、音渭 编著

出 品 人 雷俊林

策 划 人 孙 轶 魏雪萍

责任编辑 刘 超

装帧设计 王春声

出版发行 山西出版传媒集团·山西教育出版社

（地址：太原市水西门街馒头巷7号 电话：0351-4729801 邮编：030002）

印 装 山西臣功印刷包装有限公司

开 本 889×1194 1/32

印 张 7.5

字 数 114千字

版 次 2015年9月第1版 2015年9月山西第1次印刷

书 号 ISBN 978-7-5440-5698-4

定 价 31.90元

来赴一场艺术之约

（代序）

每个人都与艺术有缘。

不管你是否懂音乐，总会有一些动人的旋律在你人生经历的各个场合一次次响起，种进你的心里。

不管你是否爱音乐，总会有一些耳熟能详的名字被一次次提起，深深刻在你的脑海里，构成你的基本常识。

总有一次次的邂逅，你愕然发现某一段熟悉的旋律是来自某一位音乐巨匠的某一首经典名曲，恰如卯榫，完成了超越时空的契合。

永恒的作品，永恒的作者，是伴随我们的文明之路一直前行的。而这套书，便是一封跨越世纪的邀请函，翻开它，来赴一场艺术之约。

它讲的是音乐家的人生，同时用人生的河流串起每一处绝妙的风景，即音乐家们的作品。他们的生命从哪里开始，他们有怎样的家庭、怎样的童年、怎样的爱情、怎样的病痛，又怎样成长、怎样探索、怎样谋生，那些伟大的作品又是在什么情况下诞生……你会在这里一一找到答案。

他们其实不是艺术圣坛上那一张用来膜拜的画像，而是跟我们每个人一样，有血有肉，有哀有乐。巴赫一生与两位妻子结婚，生有20个子女，但只有10个成活；天才的莫扎特只有短短35年的人生，而舒伯特更短，只有31年；瓦格纳娶了李斯特的女儿；勃拉姆斯是舒曼的学生；贝多芬中年失聪；舒曼饱受精神病的折磨……每一首曲子，都不再是唱片上的音符，而是与鲜活的生命相联系。你从未如此真切地感受那些乐曲是由怎样的双手来谱写和演奏的。

当这许多位音乐家汇集到一起，便串起了一部音乐史，他们是音乐史的链条上最璀璨的珍珠。每一位艺术家都不是孤立的，而是互相呼应，他们是自己的传主，同时又是其他传主的背景。有时，几位名家同时出现或前后承接，你会发现他们在时间和空间上竟如此相近，你仿佛来到了19世纪维也纳的鼎盛时期，教堂的管风琴、酒馆的乐队、音乐厅的歌剧、贵族城堡的沙龙，处处有音乐缭绕。你与他们擦肩而过，他们正在去宫廷演奏的路上，正在教堂指挥着唱诗班，正在学院与其他派别争论。

你的音乐素养不再停留在几段旋律、几个名字上，你与艺术的联系更加紧密。你会在一场音乐会上等待最精彩的乐章，你会在子女接受音乐教育时找出最经典的练习曲，你会在某个地方旅行时说出哪位音乐家曾与你走过同一段路。

更重要的——你会更加深刻地感受到艺术的美好，享受精神的盛宴。贝多芬的《命运交响曲》，那雷霆万钧的激昂力量；舒伯特的《小夜曲》，那如银河繁星般浪漫的梦境；瓦格纳的《婚礼进行曲》，那如天宫圣殿般的纯洁神圣；柴可夫斯基的《第一交响曲》，那如海上旭日般的华美绚烂……

林　锜

2015 年 6 月于北京

目　　录

第 1 章 ： 艰苦的童年

选帝侯制度下的波恩

波恩，德国一座不平凡的城市。公元 1 世纪初，罗马军团曾在这里设立兵营，为古罗马要塞。因此，“波恩”意为“兵营”。13 世纪至 18 世纪，作为科隆选帝侯国（即有权选举帝王的侯国）的首府长达 500 年之久。曾经一度被法国占领，于 1815 年并入普鲁士。1949 年 9 月成为德意志联邦共和国首都。1990 年 10 月德国实现统一后，于 1991 年 6 月 20 日德国联邦议院作出决定，在 4 至 10 年内将议会和政府由波恩逐步迁往柏林。

波恩大教堂

在贝多芬出生的18世纪，这里是科隆选帝侯国的首府，大主教的所在地。“选帝侯”是德国历史上的一种特殊现象。是指那些拥有选举罗马人民的国王和神圣罗马帝国皇帝的权利的诸侯。这项制度可以追溯到1356年。1356年，卢森堡王朝的查理四世皇帝为了谋求诸侯对其子继承王位的承认，在纽伦堡制定了著名的宪章“金玺诏书”，正式确认大封建诸侯选举皇帝的合法性。诏书以反对俗世的七宗罪为宗教依据，确立了帝国的七个选帝侯。他们分别是三个教会选帝侯：美茵茨大主教、科隆大主教、特里尔大主教。四个世俗选帝侯：萨克森—维滕堡公爵、勃兰登堡藩侯、莱茵—普法尔茨伯爵以及波希米亚国王。事实上，七位选帝侯选举出来的人只能称“罗马人民的国王”，只有经过进军罗马，并由教皇加冕后的“罗马人民的国王”，才能使用“神圣罗马帝国皇帝”的头衔。三个教会选帝侯是德意志境内最古老和最富裕、最有权势的大主教，其历史可追溯到东法兰克王国时期四大公爵的时代。在空位时期，七个诸侯依据各自利益选举出两个国王。

波恩，既是科隆选帝侯国的首府，也是一个教会公国。在贝多芬之前的伟大的音乐家莫扎特，同样出生在一个教会公国——萨尔斯堡。莫扎特正是由于不甘臣服于萨尔斯堡大主教，才最终前往维也纳。但科隆大主教要比萨尔斯堡大主教更加具有权威，因为他本人就是选帝侯，而萨尔斯堡的大主教仅仅是众多的教会公国中的一员。

科隆大主教不是世袭的，而是由全体教士举行大会选举产生。因此，大主教的选举往往牵动着整个德意志民族的神经。各个互相争斗的邦国都会对此施加影响。甚至英国、法国和荷兰也会积极干预整个过程。在离科隆大约50英里远的地方，还有一个公国。这个公国位于莱茵河畔，通往荷兰和海洋。而西南一百英里远的地方就是法国。这个公国叫作奥属尼德兰，属于中世纪著名的哈布斯堡王室控制之下。与哈布斯堡王室作对的普鲁士极力想控制这个地方，驱逐哈布斯堡王室的势力，因此科隆长期处于各种政治势力角逐的阴影之下。1761年，巴伐利亚家族的大主教克莱芒·奥古斯特去世之后，大主教的位置竟然落入了一个当地人的手里——马克西米利安·弗里德里希。

就是在这样的情况之下，波恩依然保持了不错的发展势头。它成为神圣罗马帝国里面重要的小城市。在这个城市里，有一万多人。其中，很多人都与这座城市里的宫廷保持着密切的关系。建筑师、音乐师、卫兵、厨师、侍女、画家，各行各业的人们都在为宫廷服务，以此谋生。

在波恩的宫廷中，音乐具有举足轻重的地位。实际上，在18世纪的三种主流音乐：教堂音乐、剧院音乐和室内乐上，波恩宫廷乐队的水平都极为高超。1773年，波恩宫廷乐队有23名成员，其中就包括贝多芬的祖父和父亲。贝多芬的祖父曾经长期担任乐长一职。他去世之后，宫廷乐队获得了更大的发展，人数扩展到40多人。这个阵容可以与德国宫廷乐队相媲美。

这就是贝多芬出生的城市，一个安静但不枯燥的德国小城。

波恩风光

贝多芬一家

贝多芬全名为路德维希·范·贝多芬。这个名字同样属于他的祖父——波恩宫廷乐长，一位引领贝多芬家族在音乐的道路上发展的老人。贝多芬还有一个名字：路易·范·贝多芬。路易是他的法语名字。

老贝多芬是梅赫伦城（比利时西北部）一个面包师的儿子，1712 年出生。在五岁的时候，他就开始上合唱学校了，并从此走上了歌唱的道路。1733 年，老贝多芬以歌手的身份加入了科隆选帝侯的乐队，之后就成了众人爱戴的乐长。老贝多芬在乐队享有很高的威望，同时，他还做一些葡萄酒的买卖，甚至向别人放贷，生活得算是舒适惬意。虽然在贝多芬三岁的时候，祖父就去世了，但是贝多芬非常喜爱并尊重自己的祖父。在他成年之后，每当谈起自己的祖父，贝多芬都是带着炫耀的口吻。现在在波恩的贝多芬纪念馆中，还珍藏着一幅由宫廷画师为老贝多芬画的肖像画：这位宫廷乐长穿着一件绿色的、上面镶着珍贵皮毛的礼服，头上戴着一顶做工精美的天鹅绒帽，双目炯炯有神，神采飞扬。

老贝多芬曾经有三个儿子，但是只有他的第三个儿子活了下来，也就是贝多芬的父亲约翰·范·贝多芬。约翰在12岁的时候就加入了乐队，担任高声部的歌手。虽然做了30多年的歌手，但实际上，约翰对音乐的热情并不高。在乐队的工作对他来讲，仅仅是一项工作而已。为了补贴家用，他还做一些家庭教师之类的兼职工作。而且，乐队里其他成员似乎对约翰评价也不高，因为他酗酒，并且声音没有什么特色。但能够有这么一份稳定的工作，约翰还是非常满足的。

在18世纪，音乐家虽然不能说社会地位很高，但收入还算可以，因此很多音乐家都希望自己的子女可以继承自己的衣钵，进入宫廷乐队谋生。莫扎特的父亲莱奥波德就是萨尔斯堡宫廷乐队的乐长，莫扎特就是在父亲的关怀之下成长为一代音乐大师的。但贝多芬的父亲显然并没有莱奥波德那样的雄心壮志。莱奥波德为了莫扎特的成长，几乎倾家荡产带小莫扎特去游历欧洲，甚至因此没有处理好跟自己的大主教的关系。而贝多芬的父亲约翰，只希望自己的儿子有个差不多的可以养活自己的工作就可以了。

贝多芬的母亲玛格达勒娜·凯维里希原来是一名女仆。她最早嫁给了一名男仆，但是很不幸丈夫不久就过世了。之后她在1767年嫁给了贝多芬的父亲约翰。而当时，约翰也是第二次结婚了。他们生了七个孩子，但是只有三个活了下来：路德维希·范·贝多芬、卡斯帕尔·安东·卡尔·范·贝多芬和尼古劳斯·约翰·范·贝多芬。贝多芬的母亲性格有些忧郁，同时也是一位任劳任怨的母亲。如果不是母亲的日夜操劳，贝多芬一家很可能早就被父亲给败光了。在贝多芬心目中，母亲的形象高大而温暖。在她40岁去世之后，贝多芬时常会回忆起母亲来，他曾经说："她是我的多么善良和仁慈的母亲啊……当我能呼唤出母亲这个甜蜜的名字，而她能听见和回答我的时候，谁又能比我更幸福呢?"

贝多芬出生的确切日期已经不能确定，但是可以知道是在1770年12月16日，或者17日。因为他是在17日接受的洗礼，而洗礼仪式一般是在出生当天或者第二天举行。不过，很长时间以来，贝多芬一直认为这份洗礼证明并不是他的，而是属于他那个夭折的重名的哥哥的。那个可怜的孩子在出生不久之后就死去了，他的名字叫路德维希·马利亚。稀里糊涂的父亲不能解释明白这个“路德维希”到底是贝多芬夭折的哥哥还是贝多芬本人。而贝多芬也不能有更多的证据来证明自己的猜测，只是倔强地认为自己应该生于1772年12月。于是，这个问题就这样悬而未决。

这就是贝多芬一家。一个德高望重的祖父，一个被祖父称为“浪荡汉”的父亲，一个性格忧郁而生活艰辛的母亲，还有两个弟弟。贝多芬似乎从小就要承担起糊涂的父亲所不能承担的一部分生活重担，还要试着去接受音乐教育，以便于未来能够顺利进入波恩宫廷乐队，谋取一份正当的职业。

贝多芬故居展览厅一角

贝多芬三岁的时候，祖父去世了。祖父的逝世对贝多芬一家的打击是十分沉重的。他在自己事业发展到顶峰的时候突然离世，同时也让贝多芬一家家道中落。老贝多芬之前经营的葡萄酒生意虽然还不错，但是他也预支给很多葡萄种植人贷款，好让他们能够保证葡萄的供应。这些贷款原来只是口头约定的，并没有留下书面的借据，因此当老贝多芬突然去世之后，这些葡萄种植人无论如何都不肯承认借了钱——尤其是把钱还给约翰这样一个浪荡汉，有什么意义呢？约翰对此也毫无办法。

另外，约翰还希望能从自己父亲手中接过乐长的职务，他甚至为此而写了一封信给选帝侯。但是结果大大出乎他的意料，一个意大利人隆切奇获得了这个重要的职位，并得到了选帝侯扩大乐队的准许。这不仅让约翰难堪，而且也在一定程度上削弱了他在这个乐队里的重要性，他越来越被边缘化了。

1774 年，随着贝多芬的弟弟卡斯帕尔·安东·卡尔·范·贝多芬的降生，贝多芬一家的住处显得拥挤了。于是，一家人搬到了莱茵巷面包师费舍尔的住宅。这个住宅是老贝多芬当年住过的，而约翰实际上也是在这里长大的，因此能够返回这个宅院，全家人都非常高兴。通过这次搬家，贝多芬也同面包师的孩子们成了好朋友。这个家离莱茵河非常近，周围也有很多新奇好玩的场所，因此贝多芬似乎找到了最适合他玩耍的场所。而这个时候，他的头脑里并没有音乐的概念，也没有立志成为伟大的音乐家的雄心壮志，他在享受着身边的一切，最美好的无忧无虑的时光。

但这时光是短暂的，不久，他就要开始接受严格的训练了。

童年的教育

在约翰看来，如果自己的大儿子日后不能进入波恩的宫廷乐队，那简直是一种耻辱。因此，他开始试着教贝多芬弹钢琴。约翰自己对钢琴并不精通，他是一名歌手，只会跟随伴奏来演唱。但是他却对自己的乐感充满信心。能不能培养出一名伟大的音乐家姑且不说，他觉得最要紧的是让自己的儿子能够顺利进入宫廷乐队。三四岁的贝多芬在练习钢琴的时候，偶尔会表现出一些音乐天赋。他有时候会随意地即兴弹奏，弹奏出来的竟然是优美的乐曲！贝多芬后来自己也常常讲：“从孩提时代开始，我就非常敏感，往往当灵感来临时，我还不知道，一旦记录下来，却是十分成功的旋律。”

约翰先生非常震惊，同时也敏锐地感受到了某种可能性——培养一个音乐神童。莫扎特就是贝多芬最好的楷模！莫扎特五岁开始作曲，六岁就以神童的身份在欧洲各国巡回演出。奥地利皇帝、法国皇帝、英国国王都喜爱并颂扬着这位音乐天才——实际上，整个欧洲都传遍了他的美名！

约翰开始更加严格地训练贝多芬。但是他的做法简单而粗暴，他每天强迫小贝多芬从早上就开始在琴房练琴，将自己幼年时的经验拿来教育儿子。但是，约翰生性愚钝，他觉得特别难的东西，也认为贝多芬可能理解不了，因此总是将简单的东西搞得非常复杂。即便是这样，贝多芬也能很快理解父亲的意思，并迅速掌握相关技巧。母亲虽然很心疼儿子这么小就要接受如此高强度的训练，但是她也不敢多说什么，因为约翰是绝对不会听从她的意见的。

1776 年，贝多芬又有了一个弟弟——尼古劳斯 · 约翰 · 范 · 贝多芬。这段时间，由于约翰要经常在房中练声，

童年贝多芬

贝多芬用过的钢琴

而贝多芬也需要不断地练习钢琴，面包师宁静的生活被打破，并最终变得不能接受起来。费舍尔希望约翰能够照顾到他一家人的休息，但约翰却不能让步。最终两个人谈崩，约翰带着一家人搬离了费舍尔的住所，迁到皇宫附近的一处住宅。

在这一年，贝多芬开始上学了。学校的学科种类繁多，但是约翰却认为这些教育毫无用处——凡是对进入宫廷乐队工作起不到帮助作用的教育，是毫无价值的。因此，他要求贝多芬将更多的精力用在练琴上，而忽略学校所教授的内容。费舍尔的两个孩子后来回忆说："贝多芬的父亲并不看重儿子在小学里的学习，他不是把他的长子送去上学，而是每天一清早就把他推到钢琴前摁着他弹钢琴。"约翰的这种教育理念，对贝多芬的影响是巨大的。贝多芬在学校的成绩一塌糊涂，甚至为此还要经常受到老师的责罚。而实际上，贝多芬根本就没有学会算术。这个伟大的音乐家的音乐草稿上，常常会有一些最简单的计算工作，比如计算小节数目等。在贝多芬晚年的几个月中，他甚至都在补习算术知识。他的侄子卡尔通过谈话簿来教授耳聋的贝多芬乘法口诀。这让人感到温馨而有趣。

1777 年 1 月 15 日，波恩皇宫发生了一场大火。几乎半个波恩城的人都被动员起来扑灭这场大火。庞大的宫殿在炽热的火光中嘎嘎作响，天空被大火照得通明，街上一片混乱。贝多芬居住的房子因为紧邻皇宫也受到了波及。七岁的贝多芬也加入了救火的行列，不过他主要是跟随父母抢救自己家里的东西，免得因为这场大火而变得家徒四壁。天亮之后，人们听到了一件可怕的事情——宫廷参议大臣冯·勃朗宁和13位救火勇士殉职了。大火继续燃烧，整整烧了五天五夜。

之后，贝多芬一家又重新搬回了面包师费舍尔的房子中——好心的费舍尔先生在贝多芬一家最需要帮助的时候伸出了援手。

贝多芬诞生地，现为贝多芬故居博物馆

崭露头角

小贝多芬每天都在父亲的要求下勤奋地练琴，枯燥无味但是却很有长进。一天，波恩宫廷乐团团长马求理拜访了贝多芬家，并亲自聆听了贝多芬的演奏。马求理从贝多芬身上看到了天才的闪光！他主动要求教授贝多芬小提琴演奏技巧——在当时，小提琴是最受欢迎的乐器，而钢琴只能算是二流乐器。

“您的儿子必须到宫廷乐队来参加演出！他将取得惊人的成绩！选帝侯一定会喜欢他的，虽然选帝侯丝毫不懂音乐，但是他肯定会为之着迷，所有人都会为您的儿子着迷！他的前程远大，不可限量！今天是我最高兴的一天。让他演奏罗塞提的作品，一定会非常出色的。好小子！练两个月！”马求理兴奋地对约翰说。

“如果你希望快一点儿，一个月也行！”约翰对自己的儿子充满信心。

之后，马求理询问贝多芬是否曾经有比较好的老师。当他得知这两年来一直是约翰在教授贝多芬之后，他一方面感到吃惊，另一方面也感到有些不安。马求理希望约翰能考虑给贝多芬请一位更加专业的老师来指点。他直截了当地跟约翰说："您的儿子，如果在真正的高手指导之下，可能成为第二个莫扎特！您总该知道莫扎特吧?！我在意大利听过他的演奏，真可谓出神入化，天下无双！而您的儿子，将会成为第二个莫扎特，只是他需要最好的导师，而且是越早越好！在音乐会之后，就立即着手准备。上帝作证，我预祝您的胜利，作为父亲，也作为教师。"

约翰也为马求理的这个想法感到兴奋。当然，他兴奋的是自己的儿子可能真的会从此走上"神童"的道路，而不是要给他换老师。他甚至开始仔细筹划整个事情。莫扎特六岁的时候就开始周游欧洲了，那么，自己的儿子也不能落后！但是贝多芬马上就要七周岁了，这怎么办呢？他想到了一个主意，那就是在贝多芬七周岁的时候，举办一场庆祝宴会来庆祝贝多芬六周岁生日，这样就可以将贝多芬的年龄名正言顺地减少一岁了！这样，自己的儿子也是在六周岁的时候登台演出，一点都没有落后于莫扎特！

贝多芬用过的小提琴

欧洲宫廷音乐会

在之后的日子里，贝多芬在父亲的督促之下开始勤奋地练习。终于，登台表演的时刻来临了！

那天晚上，约翰穿上了宫廷乐队成员的礼服：海蓝色的大礼服，丝质白背心和白丝袜。他将这个夜晚看得无比重要。他反复叮嘱自己的儿子不要说错了自己的年龄，对选帝侯说话时应该注意什么礼节，并亲自将那套烦琐的礼节演练给儿子看。终于，宫廷的马车来到了门口。在母亲的祝福、费舍尔全家的欢呼声和左邻右舍的惊叹声中，父子二人跳上马车，驶向皇宫。

富丽堂皇的皇宫坐满了达官显贵。选帝侯名叫马克西米利安·弗里德里希·冯·哥尼斯埃格，他是科隆选帝侯和大主教，同时也是明斯特的侯爵级主教。他在当时属于比较开明的领导人。选帝侯对音乐兴趣不大，但是他依然乐于出席这样的场合。实际上，他是艺术的爱好者和资助者。恰好是在他登位的第一年，就提拔了老贝多芬担任乐队指挥。

当约翰领着小贝多芬登场的时候，全场安静下来。即使是不懂音乐的贵族也很好奇这个小家伙的表演水平。贝多芬按照父亲的教导，严格地按照礼节向贵族致意，之后开始演奏。贝尔德布什男爵是一个音乐的行家，他一下子就听出了贝多芬扎实的音乐功底。选帝侯坐在男爵旁边，男爵虽然希望在听音乐的时候全神贯注，但选帝侯显然更喜欢聊天，男爵也只能应付一下。但贝多芬却将他从这种困窘之中解救了出来。贝多芬在演奏的时候，一直用严肃的目光看着选帝侯，这让选帝侯很不自在，并最终停止了闲谈，安静下来专心听贝多芬演奏。

在表演结束之后，全场掌声雷动，贝多芬只能一而再、再而三地向观众致谢。这个时候，选帝侯用手抚摸着贝多芬的头，连声夸赞贝多芬表演得很好。然后，他又兴致勃勃地问贝多芬为什么在表演的时候一直盯着自己看。贝多芬天真无邪地说："因为在音乐演奏的时候，聊天是不允许的。"惹得众人哈哈大笑。

音乐会结束之后，宫廷乐队的成员们来到酒吧庆贺演出成功。乐长隆切奇也向约翰提出建议，希望给贝多芬找一名真正的钢琴家担任钢琴教师。约翰喝得酩酊大醉，他显然没有将同事的建议放在心上。他已经开始谋划更加辉煌的未来了！

1778 年 3 月 26 日，在约翰的策划之下，贝多芬要离开波恩，前往科隆举行一场公开的音乐会。之前，约翰不断在科隆宣传他的儿子六岁就在波恩宫廷取得了很高的声誉，此次专门赶来向科隆的各界人士展示贝多芬的艺术风格。但是，他的宣传并没有取得很好的效果。约翰虽然很想效法莫扎特的父亲莱奥波德先生，但是他并不知道，莱奥波德先生之所以能够将自己的儿子顺利推销出去，在很大程度上因为他走的是高层路线，很多达官显贵的帮忙使得莫扎特很容易就受到上层社会的欢迎。仅仅依靠自己一人的呐喊，并不能吸引太多人的注意。于是，约翰带着失望从科隆返回了波恩。

冲　突

从科隆返回波恩，约翰非常苦闷，他开始试着找寻没有成功的原因。这个时候，同事们的建议浮上心头——难道真的是自己教授得不好？不，绝对不可能！约翰内心有一个根深蒂固的信念：莫扎特的父亲带着莫扎特能够做到的事情，他也能做到！自负的约翰将所有的责任归到了贝多芬头上。他下定决心要对贝多芬进行更加严格的训练，一定要趁着贝多芬年纪还不大的时候，就要让他被社会认可为“神童”！

但约翰既没有莫扎特的父亲莱奥波德先生的修养，也没有莱奥波德先生的才华。实际上，约翰甚至都没有什么远大的理想，最多会有一些突如其来的或者是不切实际的妄想。他认为自己就可以将儿子教授为音乐神童，但随着时间一点点地流逝，理想与现实有了越来越大的差距。于是，他开始失去耐心，他甚至开始折磨自己的孩子。如果贝多芬有什么让约翰感到不顺心的事情，他就会对贝多芬大发脾气。任何一点无关紧要的疏忽、偶尔的差错都会招来一顿痛打，或者被锁在阴冷潮湿的地窖里关禁闭。于是，在贝多芬的心中，与自己的父亲越来越疏远了。

弹钢琴开始成为负担——甚至音乐本身逐渐成为负担。年幼的贝多芬想不明白自己为什么要受到这么多的责罚。费舍尔的孩子就生活得无忧无虑——自己未来还不如真的去做一名面包师好了，为什么要做一名音乐家呢？他有时候会站在阳台上，长久地注视远方的群山，他希望自己可以得到解放。

在一次非常严重的体罚之后，贝多芬开始真的抵抗起自己的父亲来。约翰让贝多芬马上去练琴，他坚决地表示：不！母亲过来劝解，她把贝多芬拉到自己的房间，轻声地问他为什么会这样回答自己的父亲。贝多芬再也压抑不住内心的悲伤，他痛哭流涕地说：“我再也不想摸一下琴键了，我恨钢琴！我将来只想做一名面包师！”

约翰听到贝多芬的这句话，不由得喊道：“这就是我费尽心机教育你想要达到的成果啊！我儿子要去当面包师！为什么不干脆去做厨师呢?”约翰颓废极了，他现在也没有心情继续打骂自己的儿子了。他需要找一个人来诉说自己内心的痛苦，约翰找到了老风琴师艾登。艾登 73 岁高龄了，他安静地听完了约翰的倾诉，最后告诉约翰：

“我的孩子，我觉得过错不在你身上。但是我所能想到的和知道的，就是一个钢琴家总要一个钢琴家来担任老师。你不是钢琴家，你那点本领已经使完了，你却怪他不用功。你把他带来，我愿意教教他。如果我能够在进入坟墓前对小贝多芬尽一点力的话，那也是我的福气。”第二天，约翰带着仍然拒绝练琴的小贝多芬来到教堂。在教堂里，艾登在弹奏风琴，优美的旋律让贝多芬听呆了！他似乎重新找回了对音乐的兴趣！

“你好好练习钢琴，总有一天，你也会像我一样弹奏出这样美妙的音乐的!”艾登的话不仅重新点燃了一个孩子对音乐的渴望之心，同时也拯救了一个音乐天才。

我国发行的贝多芬纪念邮票

恩师奈弗

1778年，波恩国立剧院成立了。在此之前，波恩只演出意大利和法国歌剧，而现在德国歌剧剧本进入了人们的生活。实际上，在这一时期德意志歌剧方兴未艾。德国有大量的音乐人才，但却没有有代表性的歌剧，这些音乐人急切地希望建立本民族的歌剧艺术，包括莫扎特都有恢宏而远大的德意志歌剧梦想。

就这样，德意志歌剧作曲家奈弗走进了贝多芬的生活。奈弗于1748年生于开姆尼茨，在莱比锡接受了正规的音乐教育。在那里，他一方面接触了J. S. 巴赫的作品，另一方面也受到了亚当·希勒的影响。在选帝侯的影响之下，他甚至将莫扎特创作的一些意大利歌剧的剧本改编为德语剧本。此外，他还进行了钢琴曲目的编写工作。

此外，奈弗还是共济会成员。共济会，也称美生会，英文 Freemasonry，字面含义是自由石匠工会。共济会并非宗教，对入会申请者是否有宗教信仰或是什么宗教背景并没有要求，但申请者必须是有神论者，相信存在着一位神。莫扎特晚年也加入了共济会。实际上，很多名人都是共济会的成员。1250 年德国第一个石匠总会所在科隆成立。1771 年 10 月 14 日莱辛在汉堡加入共济会三玫瑰会所，并成为导师。他的《共济会员对话录》被认为是共济会史上的重要著作之一。歌德于 1780 年 6 月 23 日在魏玛加入共济会。共济会在歌德的一生中扮演了重要角色，对他的思想和作品都产生了重要影响。他最早加入共济会很可能是受到莱辛的影响。莫扎特、莱辛、歌德这些音乐家、文学家，共同推动了德意志歌剧的蓬勃发展，因此，这个圈子对奈弗先生也有重大而深远的影响。奈弗在波恩参加了共济会的“正大光明会团”，而这个圈子里的很多人都是贝多芬的熟人。他们都对贝多芬的成长产生了重大影响。

当奈弗先生 1779 年来到波恩的时候，他只有 31 岁，英姿勃发。来到波恩，他就听说了小贝多芬的名字，他亲自登门来看贝多芬的演奏。贝多芬的演奏给他留下了深刻的印象，不过他也发现了其中的不足——贝多芬的确需要一位专业的老师亲自教导。不久，约翰便将自己的儿子托付给奈弗先生教导。奈弗也认为贝多芬是音乐天才，他教贝多芬弹奏巴赫的《平均律钢琴曲集》，同时让贝多芬接触前古典和早期古典风格的音乐，比如巴赫、海顿和莫扎特的作品。

以巴赫为主，奈弗的教课可以说是一矢中的。起初，奈弗还担心巴赫的学说对于贝多芬来说是不是太艰深了，但不久他就发现这样的担心毫无必要。贝多芬弹奏得如此有表现力，甚至于把奈弗先生迄今为止未能发现的美也都表现了出来。奈弗有时候想到约翰关于他儿子音乐理论知识如何丰富的高论，真是哭笑不得。这孩子只不过是才认识低音的调号，至于和声学，他一无所知。但是贝多芬却能理解并且记住一切！这让奈弗先生有一种奇怪的感觉：这个孩子似乎曾经以另外一个人的面目在这个世界上生活过很长一段时间，凡是他现在所学会的东西，以前都会，现在无非是唤醒了内心的记忆。一旦他豁然开朗，这个他早已熟悉的世界将展现在他的面前，任他闲庭信步。

奈弗先生对贝多芬的培养不遗余力。期间，他陆续将贝多芬对德雷斯勒的钢琴曲的变奏曲发表，并在 1782 年，以《厄恩斯特·克里斯托弗·德雷斯勒的 9 个变奏曲》的形式集合发表。他还在次年写了一篇关于贝多芬的热情洋溢的新闻稿："路易·范·贝多芬演奏钢琴熟练、有力，不需要事先准备就可以将曲子弹奏下来……他弹奏的大部分乐曲是塞巴斯蒂安·巴赫的《平均律钢琴曲集》。"

1782 年 6 月，老风琴手过世了。奈弗接任了他的位置。这样，奈弗就要同时身兼宫廷风琴手和歌剧院乐长两个职务。一年到头，每天在教堂里都有两次弥撒，再加上周日和节日的祷告，还有每天上午要参加歌剧试演，这显然有些过于繁重了。因此，贝多芬被招入宫廷乐队，担任奈弗的助手——没有薪酬，但可以在奈弗繁忙的时候顶替他登台演出。到 1783 年，贝多芬已经几乎完全顶替了他的老师，担任宫廷风琴手的职位——当然是免费的。

巴赫的《平均律钢琴曲集》影响至今

1783 年秋天，葛洛斯曼就任了法兰克福剧院和美因茨剧院的总经理，于是他将波恩的舞台都托付给自己的妻子。但是葛洛斯曼夫人一方面对这方面的事务一窍不通，另一方面还有孕在身，所以实际上舞台事务都压给了奈弗先生。奈弗更忙了。不过他这个时候又有了更伟大的计划，他要将贝多芬培养成为乐队指挥！于是，在歌剧院排演的时候，他就让贝多芬在旁边静静地观看。贝多芬学习得也非常快，以至于很快他便可以在歌剧排演的时候顶替他的老师担任指挥一职——当然，在实际演出的时候，还是奈弗先生亲自指挥的。就这样，贝多芬开始真正接触歌剧。他逐渐认识了一些歌剧体裁的名作。皮切尼、巴塞罗、莫扎特以及奈弗老师的作品，都让贝多芬感到无比的愉悦。

但这样的生活并没有持续太长的时间。1784 年，大臣贝尔德布什逝世了，一切宫廷机构因此处于瘫痪状态。剧院等部门也因此而停止了工作。而这个时候，莱茵河发洪水，贝多芬家也遭受了打击，被迫搬到朋友家避难。三月份，葛洛斯曼夫人去世，几天之后，选帝侯也去世了。歌剧院是选帝侯一手建立起来的，但随着他的去世，剧院也被关闭了。所有的演员发了一个月薪水就被遣散了。奈弗先生失去了自己最重要的工作——歌剧院乐长，而贝多芬

欧洲宫廷乐队

短暂的乐队指挥生活也就此终止。

很快，新的选帝侯被认命了——年轻的奥地利大公马克西米利安·弗朗茨。他四年以来一直以德国教团领袖的身份住在麦尔根汗。他很小的时候，就在母亲的帮助之下成为科隆选帝侯的助理牧师，为的就是能够在未来接班。因为他是奥地利大公，所以也得到了奥地利皇廷的支持。在老选帝侯去世之后，他顺利当选为新的选帝侯。当他在1784 年 4 月当选之后，第一件事情就是紧缩财政。但新的选帝侯更加热衷于宫廷乐队，所以他将歌剧院直接关闭，转而增加对宫廷乐队的投入。这样，奈弗先生就失去了歌剧院乐长的职位。不久，14 岁的贝多芬被任命为第二风琴手——第一风琴手是他的老师奈弗。这是一个喜忧参半的消息，因为随着贝多芬的正式上任，奈弗原来 400 古尔登的收入立即被削减了一半，这让奈弗一下子从一个高收入者沦为了低收入者。虽然最后经过他的争取恢复了 400 古尔登的年薪，但是奈弗先生已经在波恩看不到希望了——歌剧，这个他最喜欢的事业在这里没有出路了。马求理离开了波恩，这样就空缺出了乐队总指挥的职位。但这个职位最终也没有留给奈弗，而是给了一个瓦莱尔斯坦家的乐队总指挥莱夏。

在勃朗宁家的美好时光

贝多芬跟随奈弗学习几年之后，在音乐上已经卓有建树。而进入宫廷乐队担任第二风琴手，也达成了自己父亲的愿望，因此父亲也不再像之前那样严格地管教他了，这让贝多芬感受到了自由和快乐。

约翰却一蹶不振了，这倒不是因为自己的儿子成才之后没有了追求，而是因为他长期酗酒，弄坏了嗓子。嗓子坏掉，对于一个歌手来讲，就意味着失去了工作。贝多芬的母亲玛格达勒娜的健康状况也非常糟糕。她不停地咳嗽，人也日益消瘦。当她所生的最后一个孩子在三岁时夭折，她似乎已经放弃了生活的希望——她本来就是一个忧郁的人，现在似乎更加没有了生活的信念，只有贝多芬的健康成长才能带给她慰藉。约翰没有请医生给自己的妻子治病，而是一有钱就继续去酗酒。没有办法，贝多芬只能依靠自己的力量攒钱给母亲治病。

医生请来了。这个老医生一眼就看出从这户人家手中是赚不到什么钱的。于是，他草草地诊断之后，就让自己的助手——大学生魏格勒留下来照看她。魏格勒是一个热心肠的人。当他看到贝多芬一家的状况，尤其是看到约翰不管不顾这个家，而只有贝多芬一个孩子来支撑着这个家庭的时候，他内心有说不出的感动。魏格勒除了经常来照看贝多芬的母亲，他还会前往其他贵族的家庭出诊。其中，宫廷参议官勃朗宁一家，是他经常去的地方。勃朗宁，就是在贝多芬小时候，宫廷发生大火的时候壮烈殉职的宫廷参议官。现在，勃朗宁夫人带着孩子们独自生活，她现在担任宫廷女参议官一职。

魏格勒向勃朗宁夫人讲起了贝多芬的遭遇。

“如果稍微有点音乐爱好，就会对路易·范·贝多芬有所耳闻了。他被认为是波恩所有的音乐家中最有前途的！我能够为他做点儿什么呢？”勃朗宁夫人显然非常乐于帮助贝多芬。她不仅决定每天给贝多芬的母亲送一顿午饭，而且还决定请贝多芬来给自己的儿子和女儿教授钢琴课。

在勃朗宁夫人的关心和魏格勒的精心治疗之下，贝多芬母亲的病情得到了控制并慢慢有所好转了。剧烈的咳嗽逐渐减轻了，她也慢慢有了力气，并最终可以自由活动了。这时候，贝多芬也得以真正有时间前往勃朗宁家开始教授钢琴的生活。

实际上，勃朗宁夫人的女儿艾利诺跟贝多芬同龄，当时只有 13 岁，儿子伦茨则只有八岁。不仅他们对这个稚气未脱的孩子当自己的老师不是特别信任，贝多芬本人也没有教过别人课程，心里十分忐忑。不过，当看到如同母亲一样慈祥的勃朗宁夫人之后，贝多芬内心的疑虑消失了。勃朗宁夫人经常会留贝多芬在家吃饭甚至过夜。魏格勒在 1838 年所写的回忆录里记载着："贝多芬很快就被当作这家的孩子来看待，他不仅在那里消磨了白天大部分时间，有时还会在那里过夜。在这里他感到自由、轻松，这里的一切使他感到舒畅快乐，使他的精神得到舒展。"

不过实际上，贝多芬从小就没有太多自己的时间，同时也过早地承担起生活的重担，虽然他的年龄跟艾利诺一样，但心理发展却很不一样。所以，他融入勃朗宁一家有一个循序渐进的过程。艾利诺刚开始并不喜欢贝多芬，她觉得这个穷小子性格耿直，缺乏幽默感。贝多芬同他们做游戏似乎更多的是出于"义务"，他在玩游戏的时候显得并不搭调，有时候还会为了一些小事恼羞成怒——这在一定程度上是自尊心在作怪。

在一次游戏中，贝多芬同伦茨差点儿打起来。勃朗宁夫人赶紧制止了他们，并耐心地劝导贝多芬。她感到有必要将这个孩子内心的自卑消除，让他明白这个世界对他是公平的，所有的人都爱着他。

“路易，我们是比你父亲有钱，我们是贵族。但这些事情对我们来讲都不重要。我们都没有理由持有这种成见。对于我们来讲，只有一种贵族才是真正的贵族，那就是精神上的贵族，高尚的灵魂才是贵族。我不知道你是不是理解我的意思?”勃朗宁夫人耐心地劝导贝多芬。贝多芬似乎也开始理解夫人的话，他内心的一道厚厚的冰墙开始融化了。

慢慢的，一切由于家庭出身或者是教养优劣所形成的冰墙被打破了，贝多芬和姐弟俩开始亲密起来，他们逐渐成了要好的朋友。贝多芬经常在勃朗宁家过夜，为此，勃朗宁夫人甚至专门为他整理出一个房间来。在这里，贝多芬也时常跟孩子们一起听其他音乐家演奏音乐，听教士朗诵诗文。

意大利画家维托里奥描绘的19世纪欧洲贵妇形象

勃朗宁夫人将贝多芬看作是上天赐予的礼物。贝多芬将自己的两个孩子教得很好，钢琴演奏技巧越来越纯熟。但实际上，勃朗宁夫人也是上天赐予贝多芬的礼物。正是她，慢慢地将贝多芬重新拉回正常的生活中，照亮了他童年时留在心中的阴影，让他重新找回了对这个世界的希望。一个孤僻、胆怯的孩子逐渐有了笑容，变成了活泼、开朗的青年！

第2章：在维也纳的日子

莫　扎　特

选帝侯弗朗茨热爱并推崇莫扎特的音乐，所以他在1784年即位之后，将莫扎特的歌剧引进了波恩。虽然现在还是老选帝侯的哀悼期，宫廷乐队是不能演奏莫扎特的音乐的，但是弗朗茨经常会让他们在私宅内演奏莫扎特节目的主要部分。同样热爱莫扎特的奈弗自然欣喜不已，他将自己的爱徒也带到这些音乐会上，尽情领略莫扎特的风采。贝多芬也常常演奏莫扎特的这些经典曲目。

奈弗要求自己的学生首先严格地钻研莫扎特的音乐，之后再从中有所生发："你先在莫扎特的大海里深深地潜下去，潜到底。你不会被淹死的，你终将会重新浮到水面上来。不要只是享受，而是要从技术方面抓住他，钻研他的格调、语言！伟大作品的内涵是无穷无尽的。在这种意义上，只有塞巴斯蒂安·巴赫可以与之相比。如果你在他的曲子上花半年的工夫，你就会在这项神圣的艺术上取得长足的进步！这个时候你再静下心来作曲，我可以预言，那时候比你现在的钢琴音乐要好得多！”

贝多芬遵从奈弗老师的要求，刻苦地钻研莫扎特的音乐。实际上，他也非常享受这样的过程。莫扎特的音乐美极了！在演奏的时候，贝多芬感受到从现实生活中的解脱。现在父亲酗酒成性，而且几乎没有什么收入，全家的生活重担都压在了贝多芬的肩上。贝多芬迫切地需要这种解脱。

在这里，我们有必要提一下莫扎特。贝多芬从小就被定义为第二个莫扎特，可以说，他一直生活在莫扎特的光环之下。这光环虽华美但也给他带来了很大的压力。莫扎特是一个伟大的音乐家。他比贝多芬大14岁，出生在萨尔斯堡——神圣罗马帝国管辖之下的一个教会公国。他的父亲名叫莱奥波德，也是萨尔斯堡王宫宫廷乐队的一名小提琴手，后来担任了宫廷乐队的乐长。莫扎特从小就显示出卓越的音乐才华。六岁的时候，父亲带着他开始周游欧洲，他先后在维也纳皇宫、巴黎凡尔赛宫、英国皇宫为国王演出，所到之处受到了热烈的欢迎，被整个欧洲誉为“音乐神童”。后来，他返回萨尔斯堡担任宫廷乐队的成员。但是他并不喜欢自己的工作——实际上，他不喜欢自己的大主教。于是，他最终辞职并前往维也纳，开始了歌剧的创作生涯。他一生写作了很多著名的歌剧：《后宫诱逃》《唐璜》《费加罗的婚礼》《魔笛》等等，同时也流传下来大量的交响曲、协奏曲等单曲曲目。整个欧洲都将他奉若神明，但他在维也纳的生活却非常艰辛，在35岁就去世了。

当贝多芬的父亲开始有意识地培养贝多芬的时候，贝多芬还不知道谁是莫扎特，但那时候已经注定了他这一生同莫扎特要有牵扯不断的联系。现在，莫扎特的音乐开始受到科隆选帝侯的重视，借着这个机会，贝多芬也终于可以更加深入地了解莫扎特了。

之后过了很长一段时间，贝多芬才重新开始作曲。他写作了一组新的作品，送给了自己的老师奈弗。实际上，这是三部羽管键琴、小提琴、中提琴和大提琴的四重奏曲目。奈弗认真地看完了贝多芬的作品，然后自言自语地叹息：“他成功了，现在我不是他的老师了，现在他可以给我当老师了。我从前在他面前做的，无非是些例行公事。

我能写出这部四重奏吗？不能！我一生也没有想到过这样美的东西。现在到了他成熟的时刻了！”

奈弗先生将贝多芬的这三部新作品送给华尔斯坦伯爵，并亲自演奏给他听。华尔斯坦伯爵赞叹：“真美！他对莫扎特有独特的理解，以小提琴变奏曲为模式是无可否认的。但是人们又绝不能说这是模仿。我要说，这就是莫扎特，不过是从另一个不同的情调上来感受。”

“我亲爱的伯爵先生，对路易，我这点儿本领已经到头了。一年以前，我还做我的美梦，妄想他作为我的学生一旦出现在世界上，其荣耀也将连及我。我是他的老师，于是我也能分享到他的荣誉的光彩。但是现在我觉得这是不可饶恕的狭隘的私心！现在应该把他送到比我更好的大师那里继续学习。但是我扪心自问，在我心目中只有一个人选：莫扎特！”奈弗先生兴奋而激动。他热情地建议应该将贝多芬送到维也纳去！

但是两人都认为如果送 14 岁的贝多芬前往维也纳的话，会对贝多芬的发展很不利——维也纳的情况太复杂了。于是，他们试图动员选帝侯请莫扎特来波恩。因为莫扎特在维也纳的生活并不顺利，所以这种邀请在一定程度上是可行的。但是，由于维也纳的宫廷乐长年纪大了，莫扎特认为自己有可能会成为维也纳宫廷乐长的合理人选，所以他拒绝了选帝侯的邀请。这不能不说是一个巨大的遗憾，对莫扎特本人以及贝多芬都是巨大的遗憾。

之后的两年，生活波澜不惊，一切都在有条不紊地进行。不一样的是，贝多芬母亲的病情越来越严重了。而随着年龄的增长，贝多芬“神童”的光环要逐渐褪去了。1787年很快就到了，华尔斯坦伯爵似乎也感到不能再拖下去了。他决定请求选帝侯派贝多芬前往维也纳，跟随莫扎特学习。意外的是，一向将钱袋子捂得很紧的选帝侯，这次却十分慷慨，他决定资助贝多芬学习。这真是一个天大的好消息！华尔斯坦赶紧告诉了奈弗，两人都兴奋不已。当奈弗将这个消息告诉贝多芬的时候，贝多芬吃惊得脸色都变了。这真是从天而降的幸福！

“我应该说什么呢，奈弗先生。我只有千恩万谢了。莫扎特，我怎么能想象他来给我讲课呢！我必须花费很大精力才能想通，莫扎特也是一个实实在在的人！”贝多芬的幸福溢于言表。不过他也有自己的顾虑，那就是卧病的母亲。两个弟弟年纪还小，父亲又酗酒成性，什么都做不了。实际上，父亲对母亲的病情并不关心。在这样的情况下，自己能够放心去维也纳吗？

勃朗宁夫人打消了贝多芬的顾虑。她告诉贝多芬："路易，你应该到莫扎特那里去，这是一件大事！你的学业水平越高，你将来对家庭的贡献就越大，你的母亲也不是你扔下就没有人管了。我可以随时照看她。你母亲时常有病在床，这已经成了她的老毛病了。春天到了，温暖的季节有利于她的康复，过几个星期她就会好起来的！"

贝多芬返回家里将自己要去维也纳的消息告诉母亲，母亲也万分支持。于是贝多芬最终下定决心要去维也纳。

华尔斯坦伯爵给贝多芬在维也纳安排了住所。选帝侯亲自写了一封信给莫扎特，希望莫扎特可以亲自教这个学生。于是，带着选帝侯的介绍信，17 岁的贝多芬启程前往维也纳。一路上，马车经过了热闹的村庄，经过了布满葡萄园和果园的田野，经过了美丽的教堂和别墅，穿过绿草环绕的城墙，贝多芬进入了维也纳市区，一颗心紧张地跳动不停。

青年时期的贝多芬

短暂的学习生活

在维也纳安顿好之后，贝多芬便兴奋地前往莫扎特的住所。他将选帝侯的介绍信递给一位女仆，女仆片刻后出来说，莫扎特先生让他进去。于是，贝多芬进入了莫扎特在维也纳的家。

虽然原来奈弗也告诉过贝多芬莫扎特长什么样子，以及告诉他莫扎特也是一个有血有肉的活生生的人，但在贝多芬心目中，莫扎特是神一样的存在。所以，当他看到一个身材矮小，形容枯槁的男人站在他面前的时候，他自然有些失落——实际上，当时莫扎特身体欠佳，他在四年之后就去世了。

莫扎特当时正在从事歌剧《唐璜》的创作，可以说是非常忙碌的。不过因为选帝侯的缘故，他还是热情地接待了贝多芬。莫扎特让贝多芬弹奏一些曲子听一下。按照惯例，不能弹奏莫扎特的曲子。贝多芬非常紧张，他感觉天旋地转，气短胸闷。这种紧张的状态影响了他的发挥。他弹了塞巴斯蒂安·巴赫的曲子，莫扎特认真地倾听——这个年轻人对音乐的理解很深，但是他的弹奏不太完美，有些粗糙，甚至很多地方还遗漏了一些音符，不过总的来讲还算不错。贝多芬显然对自己的弹奏十分不满意。他主动要求即兴弹奏一曲。于是，莫扎特又重新静下心来听。贝多芬振作精神，开始弹奏莫扎特的一段曲子。他用非常强大的力量和最大胆的和声技巧用莫扎特的主题旋律猛烈冲击着莫扎特的耳朵。这样有震撼力的表现，让莫扎特的面部表情变得严肃认真起来。弹奏结束之后，莫扎特一动不动。然后他转身对身边的朋友说："这个孩子要认真对待，他将来一定会名扬天下！"

贝多芬幸福极了。他简直不知道自己是如何走出莫扎特家的。他感受到大师的重视，自己的未来似乎变得更加明朗了！

Don Giovanni
W.A.Mozart
2009年 5月16日(土) 16:30開場17:00開演 17日 13:30開場14:00開演
調布市文化会館たづくり くすのきホール 全席自由 ¥4,000
主催 調布音楽協会 共催・制作 Le voci

歌剧《唐璜》海报

第二天一大早，贝多芬就赶往莫扎特家，但却很遗憾没有见到莫扎特。莫扎特赶去参加一个关于新歌剧的会谈了。莫扎特夫人亲切地接待了贝多芬。等莫扎特赶回来的时候，天色已晚了。莫扎特夫人非常严肃地告诉莫扎特，应该认真对待这个孩子。因为毕竟波恩的选帝侯为贝多芬的学习支付了一笔可观的报酬，既然拿了人家的报酬，自然要认真教贝多芬学习。当然，莫扎特也是没有办法的，他的事情真的是太多了，即使待在家里，他也有创作的繁重任务。在意识到自己的失礼之后，莫扎特决定撂下手里的活儿，好好辅导贝多芬的钢琴学习。不过在对贝多芬的演奏技巧有了更深入的了解之后，莫扎特发现自己能够教授给这个学生的内容似乎也不是很多。他直截了当地告诉贝多芬最需要提高的地方："你也看见了，我这里是个什么样子。按部就班地上课，基本上是难以想象的。而且你也完全不需要。在技术上，你对于钢琴已经和任何人一样，尽可以自学了。不过你怎样才能成为作曲家，这是我时刻放在心上的。你有很高的天赋，但是你的演奏还没有真正形成生动而和谐的音调。这方面你可以在我这里学习。当然，并不是说一切以我为标准，毕竟我们两人有着完全不同的天性。"

时间一天天过去，半个星期过去了，一个星期过去了。贝多芬真正能够得到莫扎特指点的时间非常少。偶尔两人会聊一些关于音乐的内容，但很快又会被打断。虽然莫扎特夫人对此感到十分抱歉，但却也无能为力。慢慢地，贝多芬自己感到有些沮丧了。他可能不明白，为何莫扎特会为了创作歌剧这么卖命。实际上，莫扎特的生活十分窘迫，他需要拿到剧院许诺给他的薪酬来生活。创作是为了生活。如果生活压力不是那么大的话，他完全可能先停下手中的笔，安心同贝多芬交流音乐。

莫扎特纪念邮票

贝多芬考虑是否能够先返回波恩，等莫扎特将手里的工作完成之后再来。实际上，他开始牵挂起母亲的病情了。而就是在这个时候，父亲来信了。在信中，父亲告诉贝多芬，母亲病得很厉害。而贝多芬自己知道，父亲是不会很好地照顾母亲的，他就是一个酒鬼而已。他必须立刻回去！贝多芬打定了主意。

“我可怜的路易，我知道我让你很失望。你来得真不是时候，《唐璜》完全缠住了我，我无法脱身。你一定在冬天再回来。没有我莫扎特，你一样会成为伟大的人物，这我敢发誓。不过倘若能有机会，我一定比这次给你更多的帮助，那我将是非常高兴的。事情已经这样了，我给你的选帝侯写了一封信，他可以再次派你到我这里来！”莫扎特对贝多芬充满了歉意，同时也表示欢迎贝多芬再次前来。

贝多芬对莫扎特表示了由衷的感谢。在维也纳逗留了短短半个月，他就要重新返回波恩了。

大师的碰撞

虽然只有半个月，而且两个人有着 14 岁的年龄差距，但是这两位大师的碰撞依然为我们留下了宝贵的财富。

两个人的人生经历有着十分相似之处。他们都出生于宫廷音乐世家，都生活在一个教会公国，都从小就被作为神童培养。但两人也有不一样的地方。莫扎特要比贝多芬幸运，他的父亲教育得法，并为莫扎特的成长创造了很好的环境，使得他的才能得以淋漓尽致地发挥。而贝多芬的父亲则生活十分邋遢，教育方式也是一团糟，但好在贝多芬最终还是在众人的帮助之下重新回到正确的轨道上来。

莫扎特向贝多芬谈起了自己为何宁愿在维也纳生活得这么困苦，也不愿意返回萨尔斯堡，同时也没有接受波恩的邀请。因为少年时在萨尔斯堡这个小王廷里的遭遇，是他再也不愿意重新尝试的。莫扎特对小王廷的生活充满了恐惧，他感觉自己是属于维也纳的，但是维也纳却并非离不开他，这里有很多竞争对手。虽然很多人都认可莫扎特的才华，但皇帝却没有提供给莫扎特一份待遇优厚的工作。所以，他必须依靠自己的力量，创作出更好的作品来维持在维也纳的生活。

在贝多芬待在莫扎特身边的时候，莫扎特的父亲病重并最终去世了。这也让贝多芬亲眼看到了莫扎特这个他心目中的神灵更为人性的一面。莫扎特为父亲的去世伤心不已。是父亲一手培养了他，将他送入了音乐这个辉煌的殿堂，而父亲去世的时候，自己却因为身体原因不能亲自前往萨尔斯堡出席父亲的葬礼，这种内心的痛楚是无法言表的。这更让贝多芬更加思念自己的母亲。两位音乐巨人在这一点上，在同一时间有着同样的感受。

当两人聊起歌剧时，贝多芬才发现《后宫诱逃》《费加罗的婚礼》这些经典名作并没有让莫扎特腰缠万贯，而是仅仅获得了微薄的收入，这让贝多芬惊诧不已。实际上，这些作品如果放到巴黎、伦敦或者布拉格，莫扎特早就变得十分富有了。但是他固执地坚守在维也纳，追寻自己的音乐理想，而维也纳却没有给予这位伟人更好的礼遇，这不能不说是一个很大的遗憾。贝多芬从中看到了莫扎特伟

莫扎特作品歌剧《费加罗的婚礼》首演海报

大的音乐追求和崇高的灵魂。

当然，作为贝多芬的老师，莫扎特也要对他的音乐有所点评。实际上，贝多芬这一时期的音乐风格同莫扎特是有很大不同的。贝多芬将自己的四重奏拿给莫扎特看，莫扎特从中指出了很多僵硬的、不自然的地方，而这些地方恰恰是贝多芬有意为之。他追求的就是这样一种违反常规的感觉。贝多芬认为，表达情感的最高原则是追求真，而不是追求美。而莫扎特则对此并不赞同。他认为人们永远不会满足于只有狂热激情的表现，即使音乐要表现最丑的事物，也不能刺耳。音乐必须要有愉悦感，否则就不是音乐。“让你的音乐永远保持纯洁，它应该是美而崇高的女神!”莫扎特如此教育贝多芬。

实际上直到现在，关于两个人的艺术风格的比较都是最为热门的问题。著名音乐家傅聪在总结其父傅雷对这两人的评论时说了一句极精辟的话：“贝多芬奋斗了一生努力追求的境界，莫扎特一出世就在那儿了。”贝多芬命运多舛，失恋、失聪、养子不教，从他的音乐中，我们听到他痛苦的呻吟、愤怒的咆哮、激烈的奋争。然而作为一个与命运抗争的战士，贝多芬所追求的难道不正是生活同样不太幸福的莫扎特那样和谐、宁静、充满阳光、生机无限的境界吗？也许，面临困境，贝多芬更像是一位全身披挂、圆睁双目、怒而拔剑、力战不屈的斗士，而莫扎特则仿佛是一位已修到物我合一境界的高士。他们的精神家园就是这样一个画面：在一条荆棘丛生、危机四伏的路上，贝多芬正排除万难、高歌猛进；在路的终点是一个阳光明媚、鸟语花香的伊甸园，莫扎特在内怡然自得、沐浴春风。

喜欢莫扎特的人，会认为贝多芬太刺耳；喜欢贝多芬的人，则会觉得贝多芬是对莫扎特的超越。我们不能评判两位艺术风格不同的音乐大师的作品孰优孰劣，但是我们通过他们各自不同的成长经历，能够更好地理解他们的作品，他们的内心。这样，才是对他们艺术最好的欣赏，才是对他们艺术最由衷的尊敬。

贝多芬一生都崇拜着莫扎特。1826 年，已经达到荣誉巅峰的贝多芬在给一位神父的信中写道："我素来是最崇拜莫扎特的人，直到我生命的最后一刻，我还是崇拜他。"在贝多芬看来，莫扎特无疑是最伟大的音乐家，是一种崇高音乐精神的伟大代表。在潜意识里，贝多芬是以莫扎特的继承者自居的——实际上，无数人都在潜移默化中给他灌输了这样的概念。而通过这次短暂的拜访，贝多芬更加加深了这样的认识。

第3章：新生活的开始

母亲的去世

刚来到维也纳的时候，贝多芬脚步轻盈，美好的未来就在他脚下延伸，前途一片光明。但仅仅过了半个月，在踏上归途的时候，贝多芬却是焦躁万分。他迫切地希望能够尽快回到母亲身边，他不能想象母亲现在的状况。虽然告别莫扎特内心会很痛苦，但是他更希望能够赶在母亲去世之前见母亲最后一面。

离家越近，他回家的心情就越急切。他接连不断地收到父亲催促的信函——母亲的病情已经恶化到不能再坏的地步了。等邮车赶回了波恩，贝多芬飞也似的回到了家。

他急匆匆地冲进母亲的卧室，看到了一张蜡黄蜡黄的脸庞。母亲不停地喘息着，似乎想要咳嗽但却咳不出来，她眼睛直勾勾地盯着天花板。

贝多芬惶恐地跪在母亲面前，吻着她那滚烫的手——那是一双受尽了磨难的粗糙的手。母亲只有40岁啊！贝多芬多么希望母亲能够挺过来！母亲转过头来看着自己的儿子，她的眼神如同太阳冲破了清晨的雾霾，迸发出喜悦的光辉。但是她已经说不出任何话了，眼里的泪珠在打转。

旁边房间里传来了熟悉的脚步声，是约翰先生。即使是在这样的情况之下，他也是醉醺醺的。当看到自己的儿子回到家里的时候，他竟然像个孩子似的哭了起来。似乎只有在这个时候，他才真正意识到自己的妻子将要离自己而去了；也只有这个时候，他才体会到原来自己还是深深地爱着妻子的。但是贝多芬倔强地将父亲请了出去，他希望在母亲生命的最后时刻，能够有一个安静的，同母亲独处的时间。

母亲似乎要说话，她费尽力气才最终挤出"莫——扎——特"的名字来。贝多芬赶紧对母亲说，自己在莫扎特那里学到了很多东西，莫扎特先生也向母亲问好，希望母亲早日康复。这位善良的女人在听到儿子的话之后，安心地笑了。当贝多芬告诉母亲，莫扎特把他看作是自己的接班人的时候，她抑制不住内心的幸福，眼角的泪滴终于落了下来。

就在这样的幸福之中，贝多芬的母亲离开了人世。在最后的时刻，她内心挂念着贝多芬的弟弟妹妹们，这些贝多芬都从她的眼神中看得明明白白。贝多芬暗下决心，一定要挑起整个家庭的重担，将自己的弟弟妹妹培养成才，以报答母亲的恩情。

值得一提的是，贝多芬的偶像莫扎特的母亲，也是在莫扎特 20 岁左右的时候去世的。她陪伴自己的儿子前往巴黎寻找未来的发展，却积劳成疾，并最终因为治疗不及时而去世。伟大的天才背后有一位伟大的母亲默默支持，这种支持成为他们内心的强大动力，这都是非常难得的。贝多芬的父亲酗酒成性、暴力而专制，没有养家糊口的概念，只会挥霍家底。贝多芬将自己所有的爱都投入到了母亲身上。他甚至因为牵挂母亲的病情而放弃了在维也纳追随自己的偶像深造的机会。在他心目中，母亲是排在艺术前面的。在之后的日子里，他都在怀念着自己的母亲。他曾经说："她是我的多么善良和仁慈的母亲啊……当我能呼唤出母亲这个甜蜜的名字，而她能听见和回答我的时候，谁又能比我更幸福呢?”当我们从贝多芬的音乐中听到与命运抗争的呐喊的时候，我们一定不能忘记他内心这个甜蜜而温馨的角落。这样，我们才能看到一个完整而真实的贝多芬。

重 整 旗 鼓

身无分文的贝多芬向宫廷乐队的其他成员借了一笔钱，为自己的母亲办了一场隆重的葬礼。在母亲去世之后，贝多芬深刻地意识到，这个家庭必须由自己来亲自打理。现在父亲对待贝多芬已经不像之前那样态度恶劣而强硬了——他意识到自己已经年纪大了，该退居二线了。父亲从选帝侯那里领的薪俸，最终也由贝多芬来管理——约翰嗜酒成性是改不了了，必须这样才能约束他的行为，才能真正让这个家庭好起来。贝多芬开始掌握整个家庭的财政支出。

勃朗宁夫人和魏格勒医生在这个时候给了贝多芬足够的支持，他们就像母亲和哥哥一样呵护着贝多芬，让他能够从失去母亲的巨大痛苦之中解脱出来。贝多芬逐渐振作起来，他下定决心要同命运抗争，并且最终战胜它！他为弟弟们的未来也做了安排。他希望自己的弟弟卡尔能够走上音乐的道路，于是亲自教他钢琴。而年幼的约翰可能没有太多的音乐天赋，于是贝多芬决定让他去药房做学徒，未来能有一份稳定的收入。很快贝多芬就发现，自己的弟弟们需要很好的管教才能安安心心地从事手头的工作，否则很难有毅力坚持下去。他越发觉得不能离开自己的家庭，否则这个家肯定会变得一团糟。

不久，他们最小的妹妹夭折了——到此为止，贝多芬家里的孩子们，最后只有三个男孩活了下来。小妹妹年幼，她身上带着贝多芬对母亲温暖的记忆，他希望自己的妹妹能够健康成长，成为像母亲一样温柔善良的人，但现在这个梦想也破灭了。

不久，从维也纳传来了《唐璜》上映的消息——莫扎特的歌剧在维也纳反响热烈，而在布拉格，更是受到了前所未有的欢迎！几个星期之后，莫扎特来信了，他热情地邀请贝多芬再次前往维也纳，这次他有大把的时间来跟贝多芬亲切地交流了。

这让贝多芬陷入了矛盾之中。他多么渴望能够返回莫扎特的身边，追随这位音乐大师，并最终能有更好的发展。但是，他内心有一个声音在告诉自己，不能去！他应该留在波恩，他必须要让自己的弟弟们健康成长，必须打理好这个破碎的家庭，否则后果简直不堪设想。母亲临终的神情又浮现在贝多芬眼前，她在去世之前内心多么牵挂这个家啊！他应该留在这里！贝多芬最终选择了责任和义务，他没有再次前往维也纳。但他内心有一个希望——或许，或许在两年之后，等弟弟们都顺利成才了，自己就可以安心地再次前往维也纳，去追随莫扎特了——遗憾的是，莫扎特在不久之后的1791年去世了，贝多芬再也没有能够见到这位伟大的导师。

华尔斯坦伯爵这时也给予贝多芬巨大的支持，他从财政上开始无私地支持贝多芬。这在一定程度上缓解了贝多芬为生活奔波的境遇，让他可以有更多的时间投入到艺术上来。而勃朗宁夫人像对待自己的孩子一样全方位地照顾着贝多芬。她为贝多芬创造各种各样的发展条件，譬如经常带他参加贵族社交活动——贝多芬应该更加了解和熟悉这个大千世界，因为这对于他自己的个人修养至关重要。

音乐离不开贵族的支持，而获得了贵族的支持，才能在这个圈子里获得更大的发展。勃朗宁夫人甚至为了贝多芬而特意召集贵族们到自己的家里来开私人音乐会——当然，贝多芬是主角。贝多芬执拗而倔强的性格，也在这一次次同贵族们打交道的过程中得到一定程度的打磨。

生活给了贝多芬如此多的磨难，他一次次地站了起来。为何在贝多芬的音乐中能够听到如此多的忧伤和抗争？为何又能感受到坚毅的决心？生活会解答一切。

贝多芬

波恩大学

选帝侯弗朗茨整理国家财政的计划最终基本完成了，现在波恩的财政状况得到了扭转。这样，选帝侯也有更多的财力和心情去做一些自己一直想做的事情。首先，他要建一座剧院，此外，他还要建一所大学。

选帝侯刚上任的时候，决定撤销歌剧院。奈弗先生当时痛苦不已，现在他终于迎来了转机。他被任命为剧院总导演，同时兼任风琴师，他开始充满热情地投入到歌剧事业之中。他首先要做的就是将莫扎特的新作《唐璜》翻译成德语剧本。

奈弗也热情地邀请贝多芬加入歌剧院——不过贝多芬不能做风琴师，而要做中提琴师。正如奈弗先生所说，歌舞剧对于贝多芬来说才是第一流的音乐学校。随着歌剧的演出，贝多芬全方位地掌握了歌剧谱曲的各种细节。不仅仅是贝多芬，整个波恩的音乐人都沉浸在幸福之中。正如奈弗先生所说：“我们的人干得相当不错，我们的乐队扩充了而且改进了，薪俸也增加了。选帝侯日益关心戏剧和音乐艺术。每个人都以兴高采烈的心情努力工作，尽职尽责地按照睿智而备受爱戴的选帝侯的意图行事。”有这样一位开明的选帝侯，的确是一件幸事。如果当初莫扎特的萨尔斯堡的大主教也能够如此开明并重视莫扎特的音乐，他还会离开萨尔斯堡，前往维也纳穷困潦倒地度过自己的最后时光吗？从这一方面来讲，贝多芬比莫扎特幸运。

波恩大学

1789年夏天，19岁的贝多芬进入波恩大学学习。波恩大学是选帝侯特别骄傲的杰作。选帝侯重视自己人民素质的提升。他在落成典礼上强调说："这所大学要对自由开明的精神给予凭证。"他要求神学教授们不要培养伪善者，而应当培养坚定的信徒；不要培养盲从者，而应当培养思考者；不要懒惰，要勤奋。他要求哲学教授们一定要培养学生独立思考的能力。他不惜重金聘请最优秀的老师到波恩大学任教。其中有几位教授的书是被教皇明令列为禁书的，而且教皇也向选帝侯施压，要求罢免这几位教授的职务——但是选帝侯完全不理会。

贝多芬在波恩大学学习的是哲学。这一时期，整个欧洲局势动荡，封建王朝风雨飘摇。法国大革命爆发了。1789年5月由于财政困难，法国路易十六国王被迫召集三级会议，路易十六企图向第三等级征收新税，但第三等级纷纷要求限制王权、实行改革。6月，第三等级毅然决定将三级会议改为国民议会。路易十六准备用武力解散议会，巴黎人民于7月14日起义，攻占了法国象征封建统治的巴士底狱，法国大革命爆发。8月26日制宪会议通过《人权与公民权宣言》（简称《人权宣言》），确立人权、法制、公民自由和私有财产权等资本主义的基本原则。宣布人与人生来是而且始终是自由的，在权利方面是平等的，财产权是神圣不可侵犯的。议会还颁布法令废除贵族制度，取消行会制度，没收并拍卖教会财产。法国大革命震撼了整个欧洲大陆。与法国比邻的波恩自然也深受影响。19 岁的贝多芬也被这种思潮所影响，开始思考各种社会现实问题和哲学问题。

对于法国大革命，贝多芬这样的年轻人很容易就站在激进的一面。他们相信天赋人权、自由平等，他们同情被压迫者，坚决支持打倒统治者的斗争。而年长者则相对温和一些。正如奈弗先生所说，不管法国的情况到底如何，毕竟在波恩，选帝侯的政策是受到大家欢迎的，那么大家就没必要跟着法国人一起掺和，我们只要过好自己的生活就可以了。波恩大学的教授们也乐于就事件的最新进展跟学生们探讨。于是，在波恩大学的学习充满了乐趣，充满了激情。贝多芬看到，第三等级宣告成立了国民议会，甚至贵族和神职人员也参与进来，他们共同制定了宪法——不久之后，传来了巴黎人民攻占巴士底狱的消息。

但是后来事情的发展却越来越不受控制，狂热的人民驱赶了国王，过激派掌握了权力。贝多芬似乎意识到，人民显然还没有成熟到可以自治的程度。法国大革命似乎是在先进理论的指导下的一种发泄，如果革命带来的是动荡和痛苦，那么革命是正确的吗？贝多芬似乎开始动摇了。席勒的一首小诗深深地打动了贝多芬。

你的魅力又把它结合在一起，
一切时代风尚所狂妄破坏的事物；
所有的人都将成为亲兄弟，
凡是你柔和的翅膀飞过之处。

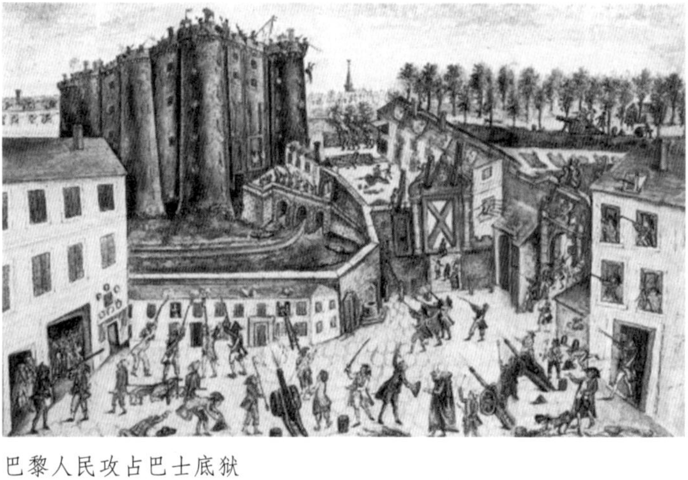

巴黎人民攻占巴士底狱

受压迫的底层人民缺少欢乐。这种压迫和对欢乐生活的渴望，在无知的昏聩的社会中迸发出巨大的能量，将这个社会掀翻。但是他们依然不懂如何控制这股力量。我们应该用美好的事物启发他们，让他们感受到美，感受到欢乐！这样，“所有人都将成为亲兄弟”的世界不是更加美丽吗？

诗歌的韵律似乎已经要在贝多芬的内心萌芽。将压迫者和被压迫者之间的仇恨忘掉并深深埋葬，全世界人都如兄弟般团结在一起，一切上帝的孩子都组成一个亲密无间的家庭，没有争吵，没有纠纷，只有热爱。这该是多么美妙的一个世界啊！贝多芬似乎感受到他肩负着这样的使命，他要努力参与到这一崇高的任务之中。人类最宝贵的品质是热爱，这应当是他心中永恒不变的内容！

这时期，康德的思想在波恩大学流传，同时也深刻地影响了贝多芬。贝多芬细细追思他这么多年来的生活，跟他的同学们相比，他遭受了如此多的磨难。他的童年是阴暗的，几乎没有一丝光线。后来，他除了工作之外，几乎不知道其他的事情，还要遭受父亲的百般责难和惩罚。但是，遭受了这么多的挫折，却依然能够让自己坚持下来，不畏艰险去完成自己的使命的内在动力到底是什么呢？善、道德。这可能是最好的解答！

爱、善良、道德法则照亮了贝多芬，如同点亮了他人生道路上的明灯。

初 见 海 顿

宫廷内阁参议官冯·马斯提奥是一个热情的音乐爱好者。每年冬天，他都要在他自己宽敞的音乐室里举办音乐会。他是约瑟夫·海顿的狂热爱好者，藏有 80 余份海顿作品的乐谱。实际上，他认为海顿是最伟大的音乐家，比巴赫和莫扎特都要伟大。贝多芬没有见过海顿，但他见过莫扎特，因此他对马斯提奥的说法不以为然。不过在老先生的强烈推荐之下，他还是决定彻底研究一下海顿的作品。

海顿出生于奥地利和匈牙利边境的一个贫穷的车匠家庭，27 岁时受聘担任匈牙利艾斯台尔哈奇亲王的乐长，任职达 30 年之久，他一生写作了 104 首交响曲，4 部清唱剧以《创世纪》和《四季》最为突出，同时也写作了 68 首弦乐四重奏，52 首钢琴奏鸣曲，以及一些歌剧、轻歌剧，12 部弥撒曲和声乐作品。海顿的音乐幽默、明快，含有宗教式的超脱，他将奏鸣曲式从钢琴发展到弦乐重奏上，他是器乐主调的创始人，将传统对位法的独立声部完全同化了，将主题发展自行展开。后期他访问英国，接受牛津大学授予的音乐博士头衔，受到了亨德尔的影响，也受莫扎特的影响，产生旋律优美的抒情色彩，出现类似巴洛克的风格。他用弦乐四重奏代替钢琴，用管弦乐代替管风琴，创造了两种新型的和声演奏形式。

音乐家海顿

莫扎特一生热爱着海顿，他甚至喊海顿为“海顿爸爸”。他们在维也纳的时候也经常在一起热情地谈论音乐，给音乐史留下了不可磨灭的篇章。贝多芬认为，莫扎特的音乐似乎是神灵天授的，那些音乐似乎本来就在那里放着，只是莫扎特用神来之笔将它记录下来一样，正如南宋诗人陆游所说：“佳句本天成，妙手偶得之。”但是对海顿，贝多芬并没有这样强烈的感觉。海顿的作品坚实而有力度，纯洁、正直、开朗而善良。他似乎在表达他那平衡、和谐的性格。海顿的作品主题里充满了幻想，但又如此纯洁。贝多芬觉得自己应该好好向海顿学习一下。

1790 年圣诞节的时候，奈弗兴冲冲地来到贝多芬的住所，将一个天大的好消息告诉他：“海顿来波恩了！”但海顿只在波恩逗留两天，他要赶往伦敦。伦敦歌剧院以特别优厚的待遇请赋闲的海顿先生前往伦敦，为他们创作新的歌剧。奈弗和贝多芬赶紧商议要集合乐队演奏海顿的弥撒曲，来热情迎接这位贵客。

第二天，大教堂里挤满了人。海顿和他的朋友来到了教堂。当第一个音符响起，海顿就露出了慈祥的笑容。当演奏结束，海顿更是热情地同乐队成员握手交流。之后，海顿出席了一场小规模的音乐家宴会——由选帝侯亲自挑选出的10位波恩最顶尖的音乐家参加，其中就有奈弗和贝多芬。在宴会上，奈弗极力向海顿推荐自己的学生。而海顿也很感兴趣，他想看一下贝多芬的作品。于是，贝多芬就将不久之前为了悼念刚刚逝世的奥地利皇帝所作的作品拿了出来。

海顿看完之后不禁赞叹："您天赋超群！我非常喜欢，每个音乐家都会喜欢的！您似乎有无穷的灵感，这是天生音乐家的第一个特征！当然，这中间也有不完满的地方，有的地方的音调运用上可以更流利些，转调更准确些。但这些缺点恰恰表明您是完全凭自己来创作的，不受任何干扰，上帝作证，能够做到这一点就不简单！"

奈弗听到海顿夸奖自己的爱徒也非常兴奋。他告诉海顿，在三年之前，贝多芬曾经亲自前往维也纳追随莫扎特学习。海顿非常吃惊。实际上，海顿跟莫扎特是莫逆之交，莫扎特一直称呼海顿为"海顿爸爸"。海顿非常感兴趣地询问贝多芬跟随莫扎特学习的情况。当他听说只是进行了短期的学习的时候，他爽朗地笑了："您对他来说还是太年轻了。莫扎特是当代世界上最伟大的作曲家。我比他年长24岁，但我依然崇拜着他的才华。您首先需要的是对位法上的一种训练，但这是您从莫扎特那儿学不来的，他在这方面简直是个天才。枯燥无味地教授学生，永远不是一个天才能做的事情。莫扎特不断地接受声音的自然洪流，他在吃、喝中作曲，在打台球、看报纸的时候也在作曲，他教课的时候，仍然在作曲！”

贝多芬点头表示同意。他想起了当时跟莫扎特学习的时候，莫扎特时常埋头工作，来不及指点他。而指点他的时候，似乎也心有所思。的确，让一位天才脱离创作而去从事教学工作，这对天才来讲简直是一种折磨。

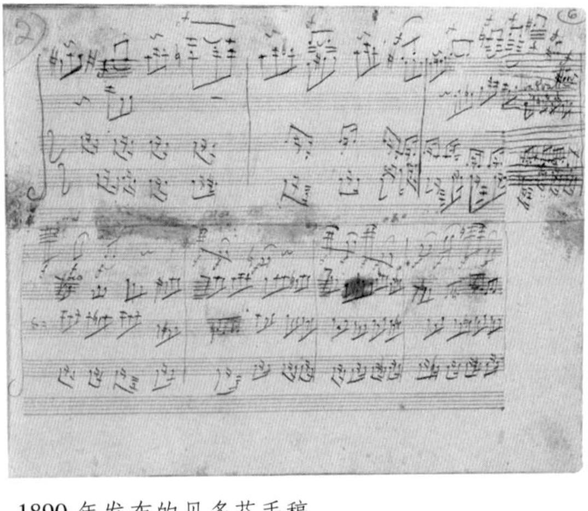

1890 年发布的贝多芬手稿

海顿继续说：“如果您年纪大一些，就可以在同莫扎特的交往中领略到他的天才之处。可惜我现在要到伦敦去，我自己也不知道什么时候才能再回来。否则我真想跟您多交流一下。以后如果有机会，您可以到维也纳来找我。”

奈弗和贝多芬都热情地向海顿祝酒称贺。同海顿先生的交往还没有结束，贝多芬就对未来满怀憧憬了。以后，到维也纳去，那里有莫扎特，还有慈祥的海顿先生！维也纳真是一个让人羡慕的地方！

初　　恋

当我们谈及一位伟人的感情生活，我们通常都会想象，一位婀娜多姿、温柔善良的美女成为伟人的红颜知己，两人相亲相爱地生活在一起。但现实却常常给出不同的答案。伟人并非生来就取得如此高的社会地位，他们更多的是在晚年或百年之后才得到社会的承认。而在感情面前，伟人也可能只是极其普通的一个人。

贝多芬相貌平平，矮小粗壮，甚至在一定程度上可以用丑陋来形容。清贫的家庭，粗暴愚蠢的父亲，不惹人喜欢的外貌，所有这些构成了贝多芬不愉快的童年，形成了他以后的反叛性格和强势作风，也造成了他成年后粗俗的言谈举止。贝多芬被许多同时代的人描述成“粗鲁、固执、脾气暴躁，只要心情稍有不好，就随时随地乱吐痰”。外貌、家庭和性格条件，都成为阻碍贝多芬寻找真爱的羁绊。他所拥有的，只有自己那无尽的音乐才华。

贝多芬爱上了玛利亚。玛利亚是选帝侯御马苑维斯塔霍尔特伯爵的女儿。伯爵非常喜欢音乐，他将自己的儿子和女儿都送上了学习音乐的道路，并在自己家成立了一支小型的乐队。贝多芬也经常会参加这个乐队的演出。贝多芬的才华为维斯塔霍尔特伯爵所赏识，他邀请贝多芬担任自己女儿的钢琴教师。

玛利亚优雅而美丽。20 岁的贝多芬不禁春心萌动。每周能够有两个小时见到玛利亚便成为他生活中最快乐的事情。他每天都期待着能够站在玛利亚身旁，哪怕是静静地待在那里听她弹奏乐曲，或者自己为玛利亚弹奏乐曲。贝多芬的生活被照亮了。

贝多芬刚开始也会有自惭形秽的感觉。但随着跟玛利亚交往的增多，这样的心理逐渐减弱。他开始全力争取玛利亚的好感。他似乎感到玛利亚没有贵族的偏见，完全是以艺术家的身份来尊重贝多芬的。这让贝多芬倍感欣慰和鼓舞。但实际上，玛利亚并没有对贝多芬产生他想象中的那种好感，她只是单纯地以朋友和老师的身份看待贝多芬，但深陷其中的贝多芬却没有察觉到。快乐的日子就这样一直持续。

每年春天，伯爵一家都要到闵思特住些时间。而玛利亚为了自己的钢琴学习，也热情地邀请贝多芬一同前往，而贝多芬显然认为这是玛利亚的一种亲密的表现。玛利亚一家先期到了闵思特，而贝多芬自己乘坐邮车前往。当到达伯爵在闵思特的住所之后，贝多芬长时间激动不已。他感觉自己离玛利亚越来越近，他脑子里都是玛利亚的倩影。在房间里，他呼吸着充满了花香的空气，看着整洁的房间，崭新的钢琴，享受着幸福的感觉。他仿佛能够感受到玛利亚在他的怀抱之中，他闻到了她头发的香气。

出席了伯爵的欢迎晚宴之后，贝多芬返回卧室。他熄了灯躺在床上，没有入睡。他充满着期盼，他越来越感觉到不能自拔。他感到没有玛利亚就不能够再活下去，或者

电影《恋爱中的贝多芬》海报

活下去就不能再有所创作了。但是，玛利亚对自己到底是什么样的感觉呢？是因为自己的艺术才能而对自己仰慕，还是真的对自己也有深深的好感？他感觉自己不能再受如此的煎熬，他必须坚定地振作起来，不能再拖下去了。明天，他就要向玛利亚表白，要求玛利亚给自己一个明确的答复！

曙光唤醒了贝多芬——与其说是唤醒了他，不如说他一夜未眠。他心里忐忑不安。玛利亚那美丽的黑眼睛浮现在贝多芬的脑海。他脑海中流淌着音乐的篇章，他赶紧开始动手写起来。一小时后，乐章写成了，美丽而纯洁，如同含苞待放的玫瑰。

贝多芬迫不及待地想要将自己的乐曲呈现给玛利亚。而这时候，玛利亚正在庭院里散步。贝多芬来到院子里，通过绿色的草地和浓荫成行的树木，走向花园。草蔓和树枝上还闪烁着未干的晓露。微风从一株正在盛开的苹果树上吹来，在果树顶上围绕着无数的蜜蜂，嗡嗡作响。贝多芬和玛利亚坐在一棵菩提树下，贝多芬不敢正视玛利亚，但他的目光从未离开她。

玛利亚也注意到了贝多芬对自己的感觉，但是，她内心却一直在抗拒。她对贝多芬更多的是尊敬和敬仰。但是，当感觉到贝多芬对自己浓烈的爱意的时候，她感到一阵恐惧。实际上，她感到自己应该将贝多芬这熊熊燃烧的爱火扑灭。当贝多芬委婉地向她表示自己的幸福的时候，玛利亚告诉贝多芬："我信任您，贝多芬先生。但是您能给我什么帮助呢？我毕竟是我父母的女儿啊。"

这话是什么意思呢？玛利亚还是抱有浓厚的家庭尊卑观念？贝多芬的内心被深深刺痛了。他似乎还没有表白，就已经遭到了玛利亚的婉拒。他于是更加直接地问道："玛利亚，我爱您！"只有直接的表白，才能得到玛利亚最直接的回答，而这个回答是不是能够实现贝多芬的心愿，似乎不是最重要的。贝多芬想要的，是一个明确的答案。

"伯爵小姐，您有没有勇气将您的命运和我的命运结合在一起？"贝多芬鼓起了所有的勇气，期待玛利亚能够给自己一个积极而肯定的答案。玛利亚头晕目眩，她不知道该如何应付这种场面。于是，她决定说谎："您误会了，贝多芬先生，我不爱您，我爱着另外一个人。"

沉默，长时间的沉默。

这样的情况是贝多芬所没有想到的。长时间的沉默之后，他微笑而有礼貌地向玛利亚表示："这是另外一种情况。请允许我告退。"之后，贝多芬决定告辞，他要返回波恩。实际上，他昨天才刚刚到达这里。仅仅一天，他经历了天堂和地狱两重境界。他将自己所写的乐曲留在了玛利亚家里，然后在谁也没有察觉的情况之下，返回了波恩。

电影《恋爱中的贝多芬》剧照

第4章：到维也纳去

师从海顿

法国大革命依然牵动着整个欧洲的神经。1790 年 6 月，制宪议会废除了亲王、世袭贵族、封爵头衔，并且重新划分政区。成立大理院、最高法院，建立陪审制度。制宪议会还没收教会财产，宣布法国教会脱离罗马教皇统治而归国家管理，实现政教分离。

1791 年 6 月 20 日路易十六乔装出逃失败，部分激进领袖和民众要求废除王政，实行共和，但君主立宪派则主张维持现状，保留王政。9 月，制宪议会制定了一部以“一切政权由全民产生”、三权分立的宪法，规定行政权属于国王、立法权属于立法会议，司法权属各级法院。9 月 30 日制宪议会解散，10 月 1 日立法议会召开。法国成为君主立宪制国家。

反映法国大革命的油画《自由引导人民》　（法）德拉克洛瓦

在以后的一段时期，法国事变把大批高贵的家族都驱赶过了德国的疆界。这些流亡者试图说服德国各个邦国的君主们发动一场针对法国革命的战争，进行复辟。他们在科布伦茨，代理人遍布德国。他们也在各地招募志愿者。实际上，维也纳皇帝和德国宫廷也都倾向于发动一场战争。因为维也纳皇帝觉得这有关他的妹妹的王位问题——路易十六被送上断头台之后，就存在一种可能，维也纳皇帝的妹妹走上王位。而柏林的弗里德里希皇帝则觉得法国胆敢处死路易十六，损害了王权天授的尊严。而穷兵黩武的德意志人也认为，他们可以轻松击溃法国的乌合之众。

法国人显然感受到了来自德国的威胁。革命者们采取了先发制人的策略，他们在 1792 年 4 月对德宣战了。因为科隆选帝侯的辖区紧邻着法国，所以他们感受到了极大的威胁。

22 岁的贝多芬这一时期陷入了迷茫之中。从感情旋涡中刚刚挣扎出来，有很强社会责任感的他，同样为这个时代的发展而感到迷茫。他同情法国的革命，但是他也看到了革命之后法国的混乱。尤其是法国向自己的祖国宣战，这让他感到不安。他似乎只能从勃朗宁一家人身上寻找到慰藉和支持。

勃朗宁夫人的女儿艾利诺，与贝多芬同龄，并且是贝多芬的学生。她一直就对贝多芬抱有纯真的爱慕之心。即使是在贝多芬努力追求玛利亚的时候，她也是如此。现在，贝多芬已经度过了单纯懵懂的年纪，他开始感受到来自艾利诺的真挚的感情。而艾利诺也明显感觉到贝多芬与之前不同了，他开始注意并试探自己，她也变得局促不安起来。两个人不断地彼此试探，但却没有实质性的发展。这样的小暧昧，似乎让整个生活变得丰富多彩起来。

日子就这样平静中带着焦虑，焦虑中又充满希望地度过。贝多芬也会作曲，也会参加各种各样的演出。在当时，就有一位著名的音乐评论家写文章专门报道了贝多芬的演出："我听了最伟大的钢琴家之一——亲爱的、善良的贝多芬的演奏，最令人感兴趣的是他的即兴演奏。我对他那令人惊异的技巧从未感到失望。除了技巧之外，他还具有卓越的智慧、伟大的思想和丰富的表达能力。……就我看来，从这个和蔼、轻松的人具有几乎不可穷尽的丰富思想，从他几乎完全个性化的演奏表现风格，从他展示的娴熟技巧来看，他一定会成为一位大师！"

奈弗先生带来的消息打破了现实的平静："海顿来了！"

海顿先生当时刚刚结束了在伦敦的旅行。他在返回维也纳的路上，再一次经过波恩。事实上，海顿先生来到波恩，在同乐队成员吃饭的时候，特意问起了贝多芬。于是，奈弗先生马不停蹄地赶来邀请贝多芬前往拜见海顿先生。

海顿先生对这位黑头发、其貌不扬的德国小伙儿印象非常深刻。他还记得贝多芬给自己看的曲子，那些曲子虽然有些瑕疵，但却体现出了这个小伙子非凡的音乐才华。莫扎特在 1791 年底去世，海顿悲痛不已。他跟莫扎特是莫逆之交。莫扎特的死，使得海顿感觉断了臂膀。他是不是内心渴望着有另外一个天才来填补莫扎特的离去带来的空缺呢?

“您的交响曲还留在我的脑子里，贝多芬先生。您给了我很强烈的印象，在英国我也时常想起您。”海顿在见到贝多芬的时候，显然非常兴奋。

两个人相约散步。海顿向贝多芬谈起了维也纳：“这里的景色让我想起了维也纳，和我的家乡一样，一条宽大的河，背景是美丽和缓的山丘。贝多芬先生，您现在有什么计划呢？我上次在这里的时候，您还希望以后到维也纳去找莫扎特，现在显然已经晚了。”说到这里，海顿不免有些感伤，“我可怜的莫扎特，他那么年轻就死了！他还能给全世界带来多少贡献啊！我这一生最美好的期望都破灭了！我现在所能享受的一切，挣来的所有的钱，丰富的礼物，都成了我心头的重压，我总是在想，我竟然不能为他办一个像样的葬礼！”实际上，莫扎特去世之后，因为贫困，只能被胡乱埋葬在最贫穷的公墓里面，至今我们都不知道莫扎特真正的坟墓在哪里。维也纳那座著名的莫扎特坟墓，只是莫扎特的衣冠冢罢了。“如果在英国，他将会得到像国王一样的待遇，我第一次为我是德国人而感到羞愧！”海顿的动情叙说，让贝多芬也为之动容。

然后，海顿再次问起贝多芬未来的打算。贝多芬这段时间的确没有太多的创作，他似乎在这种安静、焦虑的氛围之中，压抑了自己的才华。在理论学习方面，贝多芬感觉没有太大的进步——实际上，奈弗先生已经不能再教给自己的这位学生什么理论知识了，贝多芬早已经超越了自己的老师。

“跟我到维也纳去吧，我当你的老师！”海顿的提议直接而让人惊喜。

“那当然太好了！不过选帝侯什么时候会准许我的请假呢？”贝多芬兴奋异常。

大英博物馆收藏的贝多芬手稿

“选帝侯当然会批准，有海顿这样的名家做你的老师，过个一年半载，把你送回来，选帝侯就有了你这个伟大的艺术家，全德国的宫廷都会为之羡慕的！选帝侯一定会乐于促成此事！”奈弗显然信心满满，如果自己的学生跟随了海顿，这对自己来讲，也是一件无上光荣的事情。

海顿先生继续说：“我觉得我这样做，是在执行莫扎特的遗嘱。贝多芬先生，如果您到我那里去，对于我们大家从莫扎特那里所失去的一切来说，我只不过是一个很不好的代理人。不过有一点我可以向您保证：莫扎特的精神应该永远和我们在一起！”

贝多芬成为海顿的学生，这是多么让人激动的事情！海顿可是当时最伟大的音乐大师！至于莫扎特，贝多芬感觉自己还远远达不到他的高度。如果莫扎特现在还活着，并一直健康地活下去的话，贝多芬自认为永远都追不上莫扎特前进的脚步。但是，莫扎特现在去世了，那么自小就被看作是第二个莫扎特的贝多芬也有义务要继续走完莫扎特所没有走完的路。人类最崇高的思想是音乐！康德、席勒对人们所教导的一切，贝多芬都要向世界清楚地表达，用音乐表达！未来似乎充满了光明，贝多芬沉浸在幸福之中。

前往维也纳

海顿先期返回了维也纳。但是贝多芬并没有立即向选帝侯申请前往维也纳，因为选帝侯这时候显然为法国的事情头疼不已。

选帝侯的妹妹玛丽·安东尼特是法国国王路易十六的王后。奥地利和普鲁士成立了联军，决定进攻法国。但是经过多次拖延之后，军队才正式从科布伦茨出发。起先，他们由于得到了玛丽·安东尼特的情报而得以顺利攻入法国，但是之后，部队就陷入了苦战，并没有像原来所想象的那样迅速占领法国——他们显然低估了法国人民的革命热情。1792 年 7 月 11 日，法国立法议会宣布祖国处于危急中，巴黎人民再次掀起共和运动的高潮。雅各宾派领导反君主制运动，于 8 月 10 日攻占国王住宅杜伊勒里宫，拘禁了国王、王后，打倒了波旁王朝，推翻了立宪派的统治。

巴黎的皇宫被攻破了，皇族被囚禁，忠诚的禁卫队被就地屠杀。1792 年 9 月，雅各宾派在巴黎屠杀了大批拥护君主制的政治犯。9 月 20 日，联军开始退却了。9 月 21 日，由普选产生的国民公会开幕，9 月 22 日成立了法兰西第一共和国。

选帝侯不得不设想最坏的结果——失去自己的妹妹。这让他十分焦躁不安。贝多芬不想在这个时候打扰选帝侯，他甚至感觉自己有义务要留在波恩，面对来自法国的不确定的威胁。但是，华尔斯坦伯爵，这位贝多芬音乐发展的最大资助者决定亲自向选帝侯请示贝多芬前往维也纳一事，并最终获得了选帝侯的批准。

10 月份，法国将军古斯廷出现在莱茵河畔，占领了美因茨等几座城市。他甚至率领法国军队越过莱茵河，逼近了法兰克福。与科隆大主教区相邻的特里尔大主教区很快就要沦陷。大主教向选帝侯请求援助，但是选帝侯已经将自己绝大部分的军队交给了联军指挥，他现在只有几百人可以用，因此也爱莫能助。不久，特里尔大主教就以流亡者的身份来到了波恩。现在，波恩也岌岌可危，很多贵族已经开始准备避难了。就是在这样的情况之下，贝多芬开始打点行装准备离开自己的家乡。

贝多芬

贝多芬向自己的恩师奈弗辞行。奈弗动情地说："走吧，上帝保佑你！不要满面愁容，你得高兴起来！你到了那里，希望你有时还会想起我。希望你不要因为一切在我这里没有学到的东西而骂我，你只要想，'他不是海顿，他也不是莫扎特，他只是奈弗罢了！'就可以了。"

贝多芬拥抱了奈弗先生："奈弗先生，如果我能成功，我得第一个感谢您！"

"这是一句伟大的话！"奈弗先生非常激动："不过你不能将一切都放在我身上，你的成功将是许多因素促成的。你的民族，这个伟大的德意志大树的一根强大、健全的莱茵枝干；这美丽可爱的波恩连同它宏伟的河流，波恩的人民，勃朗宁家。虽然你在这里有不愉快的童年，但是这对你来讲说不定也是一件很好的事情。如果缺少了你过往生命中的哪一个环节，你都不能成为现在的你。如果你要感谢一个人的话，那不应该是奈弗，而应该是莫扎特！你从小就被认为是第二个莫扎特，他照亮着你的未来，并指引着你的发展。你可以成为他的继承人。我曾经是你的老师，这是我最大的骄傲！上帝保佑你，盼望你成为一位成功的艺术家后归来吧！”

华尔斯坦伯爵也专门写信来祝福贝多芬：“亲爱的贝多芬，您现在到维也纳去实现您梦寐以求的愿望。莫扎特的守护神还在悲伤，哭他所守护的人的死亡。他在无限盛情的海顿那里找到了庇身之所，但是无事可为，只是希望通过他再和某一个人合二为一。您通过持久不倦的勤奋，就会从海顿手里接过莫扎特的精神！”

但谁会想到，此次前往维也纳，贝多芬就永别了波恩，他从此再也没有回到自己的家乡。即使是在不久之后父亲去世的时候，贝多芬也没有回来。约翰在贝多芬前往维也纳之后不久就离开了人世，贝多芬拒绝参加葬礼。约翰带给贝多芬的，一直是痛苦不堪的记忆。他甚至将母亲去世的很大一部分责任归结到自己父亲身上。所以，他不愿为此而返回波恩。这与当年他为了见自己母亲最后一面而从维也纳连夜赶回形成了鲜明的对比。

维也纳，新生活马上就要开始了！

维也纳城市风光

声 名 鹊 起

贝多芬来到维也纳，他还是一个知名度不高的青年音乐家——虽然在波恩，他是家喻户晓的音乐天才，但是在维也纳贵族眼中，这个小地方来的音乐家，还需要用实力证明自己。维也纳在当时是欧洲音乐的中心，也是当时欧洲的三大城市之一，近三分之一的奥地利人生活在维也纳，海顿、莫扎特等音乐名流也都在这里谋求发展。贝多芬来到这里，未来有无限的可能在等待着他。

贝多芬其貌不扬，也没有认识太多的贵族，他来到维也纳的时机也不够好——现在战争吸引了人们的眼球，奥地利在同土耳其的战斗结束之后，又投入了同法国的战斗。这次同法国的战斗不容乐观，这让奥地利的贵族们似乎放低了自己的音乐诉求。

贝多芬最开始只能住在一个非常简陋的住房里。他租了一架钢琴，置办了一些生活必需品，其中自然包括一些可以让他体面地出入高级社交场所的服饰。他尽量使自己具有高雅的风度，以适应平时社交的需要。一个月之后，他搬到了里奇诺夫斯基公爵宅邸的最底层居住。在当时，维也纳贵族常常会把自己宅邸的最底层或者阁楼出租出去，住进来并不代表公爵先生有多么重视贝多芬。但是，很快公爵一家就发现了贝多芬非凡的音乐才华。

在很短的时间之内，贝多芬就结交了不少有影响的音乐家，特别是征服了一批贵族人物。18 世纪末，维也纳的艺术氛围非常浓厚，到处都是各种文化团体，经常组织各类型的沙龙集会，晚上朗诵诗歌、表演音乐和歌剧。这类活动一方面促进了艺术的发展，另一方面也逐渐成就了一批独立的艺术家，他们不再依附于贵族。这种形势的变化，使得一种新型的依附关系出现了，音乐家不再必须为向其提供资助的人提供某种服务了。支持和培养创造艺术的天才，鼓励艺术上的追求和探索，已经取代了对于金钱和物质的沉迷，成为当时维也纳社会生活的风尚。在这些众多的“艺术保护者”之中，里奇诺夫斯基公爵和公爵夫人，是最关心和仰慕贝多芬的一对。在公爵宅邸的最底层住了一年多之后，贝多芬就被当作座上宾，免费住在宅邸里比较好的房间。

里奇诺夫斯基公爵也乐于将贝多芬介绍给其他的贵族认识——这对公爵来讲，也是一项荣耀。在这段时间里，也有一些音乐家对这位新来的钢琴演奏者不以为然，甚至还有一些人向贝多芬发出了挑战，要同他进行公开的比试较量。当时有一个深受上流社会宠爱的钢琴家格里纳克，当听别人谈起贝多芬的音乐才华之后，他向贝多芬发出了挑战。

贝多芬雕像

格里纳克坐到钢琴前，先弹了几段悦耳的前奏曲，然后开始即兴演奏。第一个音符刚刚响起，贝多芬就暗想，很不错，虽然比不上莫扎特那样缠绵清润，但是触键轻巧而柔和。格里纳克开始变奏，他把四分之一的音符变成八分之一、十六分之一和三十二分之一，灵活的手指飞快地在琴键上跳动着，每一个乐音都弹奏得准确无误。然后转到了小调，以卓越的过门为基础，在沉重的三度、七度、八度音程的递进中，升华成为一串如链的颤音……一曲结束，格里纳克站起来，接受众人的欢呼喝彩。

该贝多芬了。只见贝多芬坐在钢琴前一动不动，双目低垂，凝视着琴键，然后开始演奏。首先幻化成宣叙调，继而回到固定的三步舞曲，多么美妙的三步舞曲啊，绝不亚于海顿和莫扎特！全场观众被深深地吸引了……乐声突然停止，发生了什么？原来又回到了最开始的主题。但是主题已经变了一个样子，旁若无人、举止傲慢、凶猛暴戾。这样的节奏有力地冲击着原来的意境，强烈而有力的旋律越来越动听，最后形成崇高而悠扬的尾声。

暴风雨般的掌声！贝多芬不得不多次鞠躬表达自己的谢意。之后，他被众人簇拥，那些漂亮的贵族女士们争相邀请贝多芬担任自己的钢琴老师。里奇诺夫斯基公爵拿出纸笔，替贝多芬记录下来，三位侯爵夫人、两位伯爵夫人、五位伯爵小姐，两位男爵夫人。贝多芬不得不一一婉拒，他分身乏术，不可能同时带如此多的学生。

晚上，贝多芬走在回家的路上，感觉心旷神怡。取得如此压倒性的胜利，他真想大喊几声。从今天晚上开始，他成了维也纳杰出的钢琴演奏家，一切忧虑因此而烟消云散。这才是刚刚开始，钢琴演奏并不能满足贝多芬，他要作曲，他希望自己如潮水般的乐思可以转化为优美的篇章，让莫扎特、海顿的乐章都相形见绌！他大声呼喊起来，这种欣喜而幸福的呼喊，久久地回荡在维也纳迷人的空气里。

学 习 生 活

贝多芬来到维也纳的主要目的，便是跟随海顿先生学习音乐理论知识，同时钻研作曲的技巧。海顿非常亲切地教授自己的这位学生。那段时间，海顿依然很忙。他已经同伦敦方面约定明年还要前往伦敦，同时还要带去自己新的作品。所以在维也纳的时间，海顿依然要进行创作，但他还是尽心尽力地辅导贝多芬。

但是海顿同贝多芬的音乐理念差异很大。从本质上来讲，贝多芬的演奏风格是崭新的，它与通常在贵族沙龙中的华丽、风雅、娇媚的演奏风格迥然不同。这是一种面向广大听众的大型舞台的风格，是一种雄伟的英雄气概的风格。这种新的风格保证了贝多芬能够以各种各样的方式来自由地表达思想感情。但是，海顿接受不了贝多芬作品中那些新颖、大胆的思想和见解，以及他革命性的音乐动机。海顿第一次见到贝多芬的作品的时候，曾经认为贝多芬作品中的不和谐因素，是因为缺少严格的对位法训练的缘故，但是现在他发现并非如此。贝多芬有自己的音乐追求，这一点决定了他的作品中出现那些革命性的东西，而这几乎是难以改变的。

一天，贝多芬带着自己的新作品来让海顿进行指导。海顿在仔细阅读之后不免皱起了眉头。“您用三度音和六度音来伴随四度延留音！规则是怎样要求的呢？这种不和谐音应该怎么解决呢？听起来非常难听，即使真的好听一些，我也不允许您这样做。”海顿继续往下看，最后他告诉贝多芬："亲爱的贝多芬，这太可怕了，这简直是对音乐的神圣精神的冒犯！当我在波恩看您那首《皇帝进行曲》的时候，我的眼睛到哪里去了？您原来什么也不会！您好比一个诗人，空有思想的灵光，而没有足以控制它的语言。亲爱的贝多芬，我不能不严格地要求您努力学习！尽管我忙得分不出身来，但是我还是乐于为您效劳。"

而贝多芬显然也对海顿的很多音乐理念并不赞同，他甚至开始对海顿产生怀疑。他来到维也纳已经半年了，现在，他已经是维也纳第一号钢琴演奏者了，但是现在却要为这些理论知识受折磨？他想起了自己小时候被父亲用严格的方式约束自己的痛苦生活经历。父亲几乎让自己开始痛恨音乐，如果不是奈弗老师及时将自己拉了回来，他真的不知道自己是不是会在这条道路上继续前进。现在，海顿让自己感到一种危机——自己会不会因此而对作曲产生不好的感情。在这段时间里，他每天都会有奇思妙想，优美的旋律自己往外涌。但是他只能将这些旋律记在记录簿上，现在不能进行创作。他感到彷徨了。

必须要改变！贝多芬开始试着寻找新的出路。他不满足于听海顿的课。几个星期之后，他就开始到作曲家约翰·申克那里去上课——当然是偷偷地，不能让海顿知道。

申克教贝多芬对位法和作曲理论，这种情况一直持续到1793年海顿启程前往伦敦。

实际上，虽然贝多芬非常尊敬海顿，但是他自己也认为没有从海顿那里得到太多的教益。贝多芬的学生里斯在1838年的日记中就曾经提到这样一件事情：“海顿曾经希望贝多芬在第一部作品上注明‘海顿的学生’这几个字，但是贝多芬没有同意。因为他认为从海顿那里虽然得到过一定的教益，可并没有真正学到什么东西。”

贝多芬还跟皇家乐团团长萨列里学习声乐和歌剧创作。萨列里是一个非常有趣的人。他长期以来一直背负着骂名。原因就在于他在很长时间内都同莫扎特关系不好，很多后来的研究者认为正是因为萨列里的从中作梗，才使得莫扎特在维也纳的生活举步维艰，甚至有人怀疑是萨列里谋害了莫扎特。但也有很多人为他正名。萨列里是在当时很有社会地位，同时在歌剧领域卓有建树的音乐家，他的很多剧作在当时的欧洲具有非常大的影响力。他是格鲁克派的代表人物，也是意大利声乐风格的大师。他带了很多学生，在很多情况下甚至是免费的。贝多芬跟随萨列里学习，真是一个非常理想的选择。他不需要支付太多的学习费用，

萨列里

同时，萨列里的社会地位也可以为贝多芬带来很多实际的好处。萨列里帮助贝多芬扩大了在维也纳音乐界的影响力。

不屈服于权威，这就是贝多芬的性格。此外，贝多芬的个性不仅体现在他的音乐追求和创作上，也体现在他的实际生活之中。他对那些自己不喜欢的音乐家和听众，向来不会趋炎附势。根据贝多芬同时代人的记载：“贝多芬到我们这儿来演奏的时候，他总是习惯把头先伸进来打探一下里面有没有他不喜欢的人。……他头发浓黑，面孔差不多总挂着一副粗野的神情。他的衣着很一般，讲话带着浓厚的地方口音，举止相当随便。总之，他的外表给人的印象是没有什么特殊的地方。实际上，他的粗野主要表现在姿态和举止两方面。他非常傲慢，我曾亲眼看见里奇诺夫斯基公爵的母亲跪在贝多芬面前请求他弹琴，而他懒洋洋地躺在沙发上并未从命。”

里奇诺夫斯基公爵不仅社会地位高，而且是贝多芬从事音乐生活的主要资助者。就是这样，贝多芬也不愿意为他们而放低自己内心的要求。在1809年的时候，维也纳已经成为拿破仑军队控制之下的城市，里奇诺夫斯基公爵邀请了一大批客人到自己的宅邸来听贝多芬的即兴演奏会，其中还有不少拿破仑军队的军官。当贝多芬得知这个消息之后，拒绝演出，并且将里奇诺夫斯基送给自己的半身胸像摔得粉碎。他甚至给公爵写信说：“公爵大人，您之所以为您是因为偶然的出身，我之所以为我则是依靠我自己。公爵现在有的是，将来也有的是，而贝多芬却只有一个。”

第一号作品

贝多芬来到维也纳之后，并没有停止手中的创作。他最近刚写了三首钢琴三重奏，并自认为写得很完美。但是，海顿是否会喜欢自己的这几支曲子？贝多芬感觉没有底气，自己的艺术追求显然是与海顿有着很大的区别的。果不其然，在一次演奏会上，贝多芬将自己的作品演奏给海顿、萨列里等维也纳最著名的音乐家们。虽然其他人都对这几支曲子抱有浓厚的兴趣，但是海顿却认为其中的问题很大。尤其是对他的第三支三重奏曲《c 小调三重奏》，因为其爆发出炽热的反抗情绪，表达着对黑暗势力的强烈抗争而让海顿感觉很不舒服。

贝多芬纪念邮票

但海顿只是因为音乐理念与贝多芬不同而已，并非否定贝多芬卓越的才华。他告诉贝多芬："如果莫扎特还在世，我就不会这样做，我就会把您托付给他，因为我觉得我是他的学生，虽然我比他要年长32岁，但我仍然觉得我是他的继承人。尽管我远远赶不上他的天才，亲爱的贝多芬，如果我今天死了，我就留下您作为我的继承人！这个观念我一直都有。作为您的老师，我既高兴又激动。但是您也要知道这需要您负什么责任。如果我看到您思想上背离我所认为神圣的法则，我能不说话吗？什么是我所认为神圣的法则呢？我的作品可以告诉您。我的作品里所阐述的原则是它的真实性和自然性，它的最高原则是美。《c小调三重奏》，这个乐曲使我害怕！它是煽动性的，反抗性的，粗暴的，革命的！您在《c小调三重奏》里那样来表达自己的情感，是没有道理的，您在那里面说的完全是个人的热情和斗争，那是一种精神的自我暴露。神圣的艺术不是用来做这种事情的！"

但贝多芬显然不认同海顿的观点。贝多芬认为，艺术就是要表达艺术家的个人情感。如果单纯地去歌颂世界，颂扬世界的美，而忽略了作曲家本人对痛苦和斗争的感悟，那么这样的音乐是不完整的。贝多芬有一个苦涩的童年，他遭遇了很多不好的事情，他内心有很多东西需要宣泄。音乐，就是表达自我的一个最好的手段。那么，贝多芬用此来表达自己对这个世界的反抗，就是无可厚非的，甚至是更重要的。

里奇诺夫斯基公爵非常喜欢贝多芬的这三首三重奏，他想把它们公开发表出来。贝多芬自己则不太同意，因为老师已经对自己的作品提出了不同的意见，这让贝多芬也开始怀疑自己的作品是不是有问题，毕竟海顿是这个时代最伟大的音乐家。这样，作品就没有发表。1794 年，海顿再一次踏上了前往伦敦的旅程。这时，里奇诺夫斯基公爵感觉发表作品的时机已经成熟了，他开始张罗作品发表的事宜，并希望贝多芬可以在维也纳举办一次公开的音乐会，在音乐会上演奏自己的作品。这对贝多芬意义重大。来到维也纳的这几年时间里，他都是以钢琴演奏家的身份出现在公众面前，很少有人会提及贝多芬自己的作品——即兴演奏的东西不能称之为作品。而现在，贝多芬有机会将自己真正地转变为一名优秀的作曲家，这是多么重要的一步！

1795 年，作品发表了。贝多芬将这三首钢琴三重奏作为自己作品的第一号，之后，他接连三次在宫廷乐队音乐会上向公众演奏自己的作品，都受到了热烈的欢迎。

1796年，贝多芬同里奇诺夫斯基公爵一同到布拉格、德累斯顿和柏林去旅行，所到之处都受到了热烈欢迎。在普鲁士首都，贝多芬受邀为国王演出。在那个时代，能够得到普鲁士国王的演出邀请，对贝多芬这样年轻的音乐家来说，是非常难得的，也是一项极高的荣誉。国王以优厚的条件邀请贝多芬加入宫廷乐队，但是贝多芬谢绝了，他还是希望返回维也纳。维也纳才是音乐的乐土，在柏林，虽然音乐家会生活得很舒适，但是那里太空虚了，没有音乐的氛围。当年莫扎特也被邀请前往柏林加入乐队，但是他同样不欣赏柏林枯燥的音乐氛围，最终宁可在维也纳穷困潦倒地生活，也没有接受柏林的高薪聘请。结束了柏林之行，重新呼吸到维也纳醉人的空气，贝多芬感觉到自己的生命已经同维也纳不可分割了。

第一号作品之后，贝多芬的作品开始如潮水般涌出，伟大的作曲家开始扬帆起航了！

贝多芬手稿

第5章：扼住命运的咽喉

失　　聪

贝多芬从小就体弱多病，并且有腹泻的毛病。这与小时候家庭经济困难有着莫大的关系。到了维也纳之后，贝多芬身体的不适更加严重了。从1794年起，贝多芬就经常感到双耳疼痛，听力开始下降了。最早的时候，贝多芬不以为然，以为只是常见的小毛病，但是后来发现耳朵的问题并不容易医治。他四处求医，几乎什么样的治疗方式都试过了，但是并没有好转，甚至有加剧的倾向，几乎每时每刻都能够听到耳鸣的声音，这让他痛苦不已。

犹如画家失去了视觉，美食家失去了味觉一样，对音乐家来讲，听力的衰退几乎是毁灭性的打击。在参加演出的时候，为了能够听清楚演员的歌唱，他要紧靠着乐队，只要离得稍微远一些，他就听不见歌声，也识别不出乐器的声音了。维也纳是一个竞争多么激烈的地方啊，如果竞争对手知道了自己听力下降的事情，那么几乎就等于宣判了自己音乐生涯的死刑。因此，贝多芬决定向所有人隐瞒自己的病情。他甚至为此而避免参加社交活动，开始离群索居地过着孤独的生活。但这样做的结果是让大家更加觉得贝多芬这人性格乖张，不容易亲近了。

一直到1801年，贝多芬才忍不住给朋友写信倾诉自己内心的痛苦——已经看不到任何好转的希望了。

> 我亲爱的、善良的、真挚的阿达芒……我多么希望你能常在我身旁！你的贝多芬真是可怜至极。我的最高贵的一部分，我的听觉已经大大地衰退了。当我们在一起的时候，我已经感觉到了这方面的预兆，但是我隐瞒了下来。我还会痊愈吗？我当然希望如此，但是非常渺茫。这病几乎是无药可治的。我过得非常凄凉，避开一切我爱的人，尤其是在这个如此可怜、如此自私的世界上。我不得不在伤心的隐忍中寻找栖

身之所。

我过着一种悲惨的生活，两年来我躲避着一切交际活动，因为我不可能与人说话，我聋了。要是我从事别的职业，也许还可以。但是在我的行当里，这是多么可怕的遭遇啊！我的敌人们又将怎么说？他们的数量又是相当可观。普鲁塔克教我隐忍，我却要和我的命运抗争——只要有可能的话！但是有些时候，我觉得我是上帝最可怜的造物。我求你不要把我的病情告诉任何人，我是把这件事情当作秘密交托给你的！

1802 年，贝多芬在医生的建议之下进行了疗养，但是几乎没有任何效果。贝多芬绝望了，他想到了自杀。他写下了著名的《海利根施塔特遗书》。在这封遗书里，他写道：

给我的弟弟卡尔和约翰：

啊！你们这些人，要是认为我或者把我当成心怀怨恨的，疯狂的，甚至愤世嫉俗之辈，那可真是大大地误解我了。你们根本不知道在我的外表之下，在内心深处藏着什么样的秘密。从童年时代起，我的心灵和精神就受到仁慈、美好情操的熏陶，我甚至总想去完成一番伟大的事业。然而事与愿违，六年来，我的身心一直遭受病痛的摧残。庸医的治疗又加剧了我的病情。我年复一年地抱着好转的愿望，但最终都化为泡影。我终于不得不放弃一切幻想，即便不是完全没有希望，也需要漫长的时间才行。我生来具有热情而充满活力的天性，适合社会上的各类消遣活动，可是我却不得不离群索居，过着孤单的生活。有时候，我鼓起勇气耐心克服眼前的这些困难，但总是被我残废的事实阻挡着。我总不能对人说："你讲大声点儿，我听不见"吧！我怎么能够让人知道我有耳聋的毛病呢？对我这种人来说，应该比一般人更加出色的。我以前的确是比同行人中的优秀者都更加完美的。可是我现在不行了。所以，假如你们见我独自一人离群而去，请多原谅：因为我从内心里是愿意与大家为伍的。如果我因此而被别人误解，就会加倍我的痛苦。在与人们的接触中、交谈中、倾吐中，我得不到安慰、尊敬和信任。我只能过着一种孤独的生活。一旦我出现在公共场合，我便提心吊胆，焦虑不安，唯恐别人发现我的秘密。

　　最近我在乡下住了六个月。我那高明的医生劝我尽可能保护我的听觉。他很会讨好我。有时候我觉得非得去接近人群，而且马上就要行动了；可是，当我发觉我身边的人能听到远处的笛声，而我却听不到，那种屈辱感就别提了。这一类的体验几乎使我完全陷入绝望，以致我甚至产生自杀的念头。可是艺术挽救了我。啊！在我尚未把我所肩负的使命全部完成之前，我觉得我不能离开这个世界！因此我才苟延残喘地过着这悲惨的——实在是悲惨的生活。我这如此虚弱的身体，任何微小的变化，都会使高昂愉快的情绪转入低潮。——忍耐吧，人家这样说；如今我也只好把它当作活下去的向导了。我已经有了耐心。但愿我的决心能坚持得更长久些，直到无情的死神来割断我的生命线。这样也许倒好，也许不好。反正我已经准备好了。32 岁的我已经不得不看破红尘。当然，这也许并不容易，要保持这种态度，一个艺术家要比别人困难得多。

啊，上帝，你在天堂洞悉我的心灵深处，你了解它，知道它对人类充满着热爱和善良的愿望！哦，你们啊，要是有一天读到这封信，别忘记你们曾对我的误会和不公。至于我这不幸的人，自我安慰与其他患难者同病相怜吧。我将冲破造物主赋予我的种种阻碍，竭尽所能跻身于艺术家和优秀人士的行列之中。你们，我的兄弟卡尔和约翰，我死后如果施密特教授仍然健在，就用我的名义去请求他把我的病情详细叙述，在我的病名外再加上这封信，以便我死后这个世界能跟我言归于好。同时我指定你们是我的一些薄产的继承人。你们要公平分配，和谐相处，互相帮助。你们对不起我的地方，你们知道我早就加以原谅了，你，卡尔兄弟，我特别感谢你近来对我的关怀。我祝愿你们有更幸福的生活，而不要像我遭到这样的苦难。把道德教给孩子们，因为使人幸福的是道德而不是金钱。这是我的经验之谈。在患难中支持我的是道德，使我不曾自杀的，除了艺术就是道德。——别了，彼此相爱吧！我感谢我所有的朋友，特别是里奇诺夫斯基公爵和施密特教授。我希望里奇诺夫斯基送给我的乐器能保存在你们之中任何一人手中，但切勿因此而有任何争吵。假如能对你们有所帮助，就将它们卖掉。不必为此顾虑。我要是在九泉之下仍能帮助你们，那我将是何等高兴啊！

如果这样，我将怀着何等的欢心去见死神。假如死神在我来不及发展我的艺术才能之前降临，那么，虽然我命途多舛，我仍然嫌他来得太早。所以我祈祷它暂缓出现。但即使如此，我也心满意足了。它岂不是把我从无边的苦海中解脱了出来？死神愿什么时候来就什么时候来吧，我将勇敢地迎接你。别了，不要把我完全忘掉，我是值得你们思念的。因为我在世的时候常常思念你们，并且想使你们幸福。祝你们幸福。

路德维希·范·贝多芬

1802 年 10 月 6 日海利根施塔特

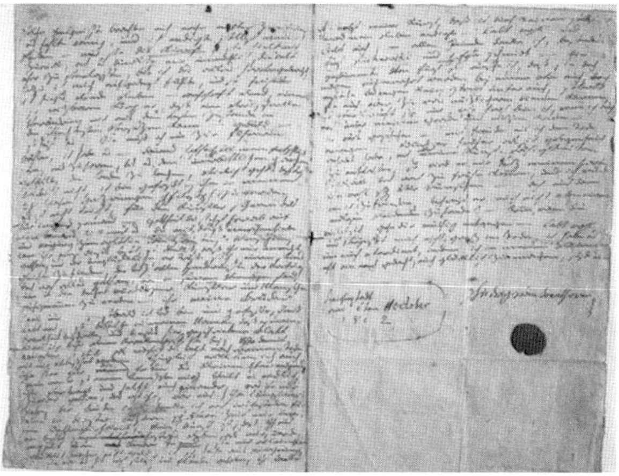

贝多芬遗嘱手稿

这封遗书一直沉睡着，一直等到贝多芬去世之后的第二年，才公开发表。我们从中知道，是艺术一直支撑着贝多芬生活的信念。他甚至将音乐创作看作是自己的使命，如果使命没有完成，自己也不能就这么离去。但他的确曾经考虑过自杀。在另外一封给自己的朋友魏格勒的信中，他曾经这样来表达自己的内心：

> 我的青春——是的，我已经感觉到了，我的青春现在才开始……我要扼住命运的咽喉，它休想使我屈服。哦，能生活一千次那该多么美好啊！

扼住命运的咽喉！多么响亮的词语，多么坚强的精神！我们现在可以想象贝多芬这位音乐巨人，在双耳失聪的情况下，离群索居，但却抱着对音乐的信念勇敢地活下去的情景。我们不禁为他充满战斗力的人生哲学所折服，更为他为了音乐而奉献自己的一切的精神而感动。读到他遗书中“用我的名义去请求他把我的病情详细叙述，在我的病名外再加上这封信，以便我死后这个世界能跟我言归于好”这样简单质朴而又震撼人心的词句的时候，有谁能不为之动容！从这个意义上来说，坎坷的命运是上帝给予贝多芬的磨难，也是对他的音乐的一种历练。贝多芬同命运抗争，进而创作出了气势恢宏、激荡人心的音乐，因而他的音乐才能具有如此大的感染力。

我们要向贝多芬致敬！向他不屈服于命运的精神致敬！向音乐致敬！

中国发行的贝多芬纪念银币

《悲怆奏鸣曲》《热情奏鸣曲》

战争在继续。因为普鲁士同法兰西单独缔结了合约，所以第一次反法同盟已经名存实亡，实际上已经演变为法国同奥地利的战争。虽然奥地利取得了几次胜利，但是形势却越来越糟糕。拿破仑逐渐在法国掌握了军权，他率领军队，不仅在意大利取得了重大胜利，而且开始越过阿尔卑斯山，进攻奥地利。维也纳在风雨飘摇之中。最终，奥地利皇帝屈服了，他同法兰西议和，割地赔款。贝多芬的家乡——莱茵河左岸地区被割让给了法国，贝多芬成了没有故土的人。幸好前不久他已经将自己的弟弟们接到了维也纳，并找到了相对稳定的工作。

战争不能浇熄音乐家的热情，反而会激发他们的爱国情感。维也纳在传唱海顿的《皇帝赞歌》，而贝多芬也创作了很多充满战斗力的乐曲。

新的反法同盟又在集结，第二次反法战争风雨欲来。1798 年，战争又打响了。之前被任命为法兰西共和国阿拉伯埃及共和国军总司令的拿破仑，在内忧外患之中星夜赶回巴黎，1799 年 11 月 9 日，拿破仑发动了举世震惊的“雾月政变”，欧洲的历史为此而改变。军事上的斗争，贝多芬虽然非常关注，但却不能做些什么。他还是将更多的精力投入到音乐创作中来。这一阶段，他的创作丰富，而且作品的质量显著提高了。所谓的“贝多芬风格”的音乐逐渐成熟，并被维也纳人所接受。

但这一时期贝多芬的作品还没有达到最高峰。虽然作品的数量大，但是真正被后人传诵的，是贝多芬的《悲怆奏鸣曲》（《c 小调第八奏鸣曲》）、《热情奏鸣曲》（《第三十二奏鸣曲》）以及《月光曲》。在这里我们欣赏一下他的《悲怆奏鸣曲》和《热情奏鸣曲》。

1799 年底出版的《c 小调第八奏鸣曲》也就是《悲怆奏鸣曲》使贝多芬大获成功，并且在维也纳名利双收。这首作品，是贝多芬献给里奇诺夫斯基公爵的。里奇诺夫斯基公爵是贝多芬在维也纳的主要赞助人，贝多芬以这首著名的奏鸣曲向里奇诺夫斯基公爵致敬，这也是最好的回报。贝多芬将这首奏鸣曲命名为“悲怆”，可以想象这是一部悲壮、激昂、凄楚、壮美的作品。这很有可能与当时的时代氛围以及贝多芬自身的遭遇有关。在这段时间内，普鲁士、奥地利联军节节败退，并最终同法国媾和，贝多芬美丽的家乡也划归法国人所有了。对祖国怀着深厚感情的贝多芬，内心自然积攒了太多的感情需要表达。而这一时期，贝多芬的耳朵遭受疾病的折磨，听力在不断地衰退。他内心的痛苦又无法表达——实际上，他也不能表达。我们从他的信件中可以知道，贝多芬当时为了隐藏自己听力衰退这个事实而刻意躲避正常的社会交往，他的内心凄楚而不安。

《悲怆奏鸣曲》共有三个乐章，全曲构思雄伟，手法简练而有力，激动人心。第一乐章，开始的引子是在沉重压力下的痛苦叹息，明显笼罩着一种悲怆的氛围，这也是这一乐章的重心所在。在进入主部之后，热情马上就表现了出来，音乐在急速行进中涌动着一种不可遏止的激情。第二乐章是如歌的慢板。抒情的旋律充满了祈祷的气氛。这是贝多芬钢琴音乐中极其出色的一个乐章。第三乐章是回旋曲快板，田园风格，富有幻想性。第一主题朴实优雅，旋律可能与德国民歌有关，其中蕴含着一种柔肠寸断的悲伤的力量。《悲怆奏鸣曲》刚刚发行就受到了整个维也纳的重视和喜爱，总谱被一抢而空。

与《悲怆奏鸣曲》相比较，贝多芬的《热情奏鸣曲》更加具有里程碑式的意义。这首奏鸣曲在贝多芬的作品中编号为第二十三首奏鸣曲。这首乐曲有着诗境般的美丽、宁静和优雅，同时也有暴风雨般的巨大震撼力。而这些，都是贝多芬英雄主义思想的最初体现。第一乐章是很快的快板。第一主题表现压抑的情绪和对光明的期望，阴森逼人的“命运”激起了强烈的反抗。第二乐章为稍快的行板。与前一乐章的热情相比，表现灵魂并没有被痛苦折磨死，仍然能享受美感，并且陶醉在美妙的思想境界之中。第三乐章是不过分的快板。这一乐章是基本思想发展的最后阶段。他的收场是悲剧性的，以悲剧性的和弦作为结束。

悲怆奏鸣曲

（第二乐章）

贝多芬《悲怆奏鸣曲》曲谱部分

关于《热情奏鸣曲》名称的来源，有一种说法是说由汉堡乐谱出版商克兰茨（1789—1870）加上了“热情奏鸣曲”的标题。而另一说法则是，“热情”的标题是由德国钢琴家、小提琴家、作曲家和指挥家赖内刻（1824—1910）所加。“热情”的标题没有贝多芬的认可，但用于这部英雄豪迈、气势磅礴的作品，是相当恰切的。无产阶级革命导师列宁有一次在莫斯科听到俄国作曲家和指挥家多勃洛文（1894—1953）演奏这首奏鸣曲后，说道：“我不知道还有比《热情奏鸣曲》更好的东西，我愿意每天都听一听。这是绝妙的、前所未有的音乐。我总带着也许是幼稚的夸耀想：人们能够创造怎样的奇迹啊！”1870 年 10 月 30 日，巴黎在普法战争中已经被普鲁士军队包围三个多月了。设在凡尔赛的普鲁士国王威廉的大本营里，铁血宰相俾斯麦正同法国资产阶级政府首脑梯也尔谈判停战条件。这天晚上，曾任德国驻意大利大使的格台尔，在凡尔赛的一架破旧不堪的钢琴上，为俾斯麦演奏了《热情奏鸣曲》。俾斯麦听了最后一个乐章后说：“这是整个一代人斗争的嚎哭。”他是从一个政治家的立场来领会贝多芬的“热情”的。他曾说过，“要是我能常听这个曲子，我的勇气将不会枯竭”，因为“贝多芬最适合我的神经”。

《热情奏鸣曲》是贝多芬全部钢琴奏鸣曲中最好的作品，而且也是世界音乐创作中最伟大的作品之一。贝多芬的音乐集中体现出他那个时代英雄们的痛苦和快乐。它激励着人们的斗志，鼓舞人们去斗争。《悲怆奏鸣曲》和《热情奏鸣曲》的发表，也标志着贝多芬作品风格的成型。从此，贝多芬更加坚定勇敢地在自己的艺术道路上披荆斩棘，并最终达到了自己艺术的最高峰。

贝多芬《热情奏鸣曲》曲谱部分

《月光曲》和贝多芬的爱情

在我们的小学课本之中，讲了这样一个故事：

两百多年前，德国有个音乐家叫贝多芬，他谱写了许多著名的乐曲。其中有一首著名的钢琴曲叫《月光曲》，传说是这样谱成的。

有一年秋天，贝多芬去各地旅行演出，来到莱茵河边的一个小镇上。一天夜晚，他在幽静的小路上散步，听到断断续续的钢琴声从一所茅屋里传出来，弹的正是他的曲子。

贝多芬走近茅屋，琴声突然停了，屋子里有人在谈话。一个姑娘说："这首曲子多难弹啊！我只听别人弹过几遍，总是记不住该怎样弹。要是能听一听贝多芬自己是怎样弹的，那有多好啊！"一个男的说："是啊，可是音乐会的入场券太贵了，咱们又太穷。"姑娘说："哥哥，你别难过，我不过随便说说罢了。”

贝多芬听到这里，推开门，轻轻地走了进去。茅屋里点着一支蜡烛。在微弱的烛光下，男的正在做皮鞋。窗前有架旧钢琴，前面坐着一个十六七岁的姑娘，脸很清秀，可是眼睛失明了。

皮鞋匠看见进来个陌生人，站起来问："先生，您找谁？走错门了吧？"贝多芬说："不，我是来弹一首曲子给这位姑娘听的。"

姑娘连忙站起来让座。贝多芬坐在钢琴前面，弹起盲姑娘刚才弹的那首曲子。盲姑娘听得入了神，一曲弹完，她激动地说："弹得多纯熟啊！感情多深哪！您，您就是贝多芬先生吧？"

贝多芬没有回答，他问盲姑娘："您爱听吗？我再给您弹一首吧。"

一阵风把蜡烛吹灭了。月光照进窗子，茅屋里的一切好像披上了银纱，显得格外清幽。贝多芬望了望站在他身旁的兄妹俩，借着清幽的月光，按起了琴键。

皮鞋匠静静地听着。他好像面对着大海，月亮正从水天相接的地方升起来。微波粼粼的海面上，霎时间洒满了银光。月亮越升越高，穿过一缕一缕轻纱似的微云。忽然，海面上刮起了大风，卷起了巨浪。被月光照得雪亮的浪花，一个连一个朝着岸边涌过来……皮鞋匠看看妹妹，月光正照在她那恬静的脸上，照着她睁得大大的眼睛。她仿佛也看到了，看到了她从来没有看到过的景象，月光照耀下的波涛汹涌的大海。

兄妹俩被美妙的琴声陶醉了。等他们苏醒过来，贝多芬早已离开了茅屋。他飞奔回客店，花了一夜工夫，把刚才弹的曲子——《月光曲》记录了下来。

这基本上就是我们对贝多芬和他的《月光曲》的第一印象。这是一个很美的故事，但很可惜这个故事并不是真实的。实际上，《月光曲》原名《升 c 小调钢琴奏鸣曲》，又名《幻想奏鸣曲》，创作于 1801 年，接近于贝多芬创作的成熟期。

这部作品有三个乐章：第一乐章，那支叹息的主题融入了他的耳聋疾患，忧郁的思绪。而第二乐章表现了那种回忆的甜梦，也像憧憬未来的蓝图。第三乐章是激动的急板。而这部作品最美丽的，便是第一乐章，让人想起月光。这首钢琴曲之所以被称为“月光曲”，是由于德国诗人路德维希·莱尔斯塔勃听了以后说：“听了这首作品的第一乐章，使我想起了瑞士的琉森湖，以及湖面上水波荡漾的皎洁月光。”后来出版商根据这段话，加上了“月光曲”的标题，关于作曲家在月光下即兴演奏的种种传说便流行起来。

其实触动贝多芬创作的不是皎洁如水的月光，而是贝多芬与朱丽叶（1784—1856）恋爱失败后的痛苦心情。朱丽叶是伯爵的女儿，比贝多芬小 14 岁，两人真诚相爱，因门第的鸿沟，又迫使两人分手。贝多芬在遭受这一沉重打击之后，把由封建等级制度造成的内心痛苦和强烈悲愤全部倾泻在这首感情激切、炽热的钢琴曲中。所以，这首曲子是献给朱丽叶的。对于这个作品的解释，也许俄国艺术批评家斯塔索夫（1824—1906）的见解是比较合理的。他在回忆了听李斯特在彼得堡的演奏后，认为这首奏鸣曲是一出完整的悲剧，第一乐章是冥想的柔情和有时充满阴暗预感的精神状态。他在听安东·鲁宾斯坦的演奏时也有类似的印象："从远处、远处，好像从望不见的灵魂深处忽然升起静穆的声音。有一些声音是忧郁的，充满了无限的愁思；另一些是沉思的，纷至沓来的回忆，阴暗的预兆……"

贝多芬《月光曲》曲谱部分

《月光曲》有一种充满忧郁，但同时柔情万种的特殊魅力。后人在听到这首乐曲的时候，都会被其优美的意境所吸引，进而希望能够了解这首乐曲背后更多的故事。那我们就不得不深入地谈一下贝多芬所钟爱的这个女人——朱丽叶。

布伦什威克家族是奥地利的名门望族。同其他奥地利贵族一样，布伦什威克家族也会请著名的音乐家担任自己孩子的家庭教师。贝多芬就是在这样的情况之下，在1800年来到这里，并结识了这家的三姐妹——特蕾莎、约瑟芬和朱丽叶。朱丽叶是特蕾莎和约瑟芬的表妹。

朱丽叶比贝多芬小14岁，她天生丽质，一双水汪汪的大眼睛，明眸皓齿，光彩照人。贝多芬为她的美貌倾倒，两人很快就进入热恋之中。原本性格孤傲的贝多芬，竟变得温和有礼。在给魏格勒的信中，他也提到了自己当时的生活状态：

> 现在我生活比较甜美，和家人的来往也多了一些，这变化是一个亲爱的姑娘的魅力促成的：她爱我，我也爱她。这是两年来我初次的幸运的日子。

但是好景不长，由于朱丽叶父亲极力反对，两人很快分手了。后来，朱丽叶嫁给了才能平平的意大利那不勒斯皇家芭蕾舞团总监，并随同丈夫一起去了意大利。我们不知道他们之间感情有多么深刻，但是我们通过贝多芬在1801年为她创作的《幻想奏鸣曲》，也就是我们所熟知的《月光曲》，可以清楚地感受到贝多芬内心的那份温柔。而这份温柔也随着贝多芬优美的曲调，感染了一代又一代的人。即使我们将此理解为贝多芬奉献给自己理想的爱人的音乐，而不单单是给朱丽叶，也丝毫不能减弱《月光曲》的音乐魅力。

贝多芬不仅仅与朱丽叶有过情感纠葛，他在刚刚进入布伦什威克一家的时候，接触最多的是妹妹约瑟芬。约瑟芬比朱丽叶要大一些，比贝多芬小九岁。约瑟芬风姿绰约，早在1799年，她就遵从母亲的命令，被迫嫁给了一个比她大30岁的老伯爵。老伯爵不喜欢艺术，他们的婚姻并不和谐。她与贝多芬刚开始就互相都有好感。1804年，老伯爵去世了，约瑟芬怀着身孕，并还有三个孩子。贝多芬经常去安慰她，并免费为她上课。不久，两人的恋情就公开化了。贝多芬曾经给约瑟芬写情书：

> 亲爱的约瑟芬，我一心一意爱着你，从不爱慕别的女性。只有你，才能让我销魂心醉，我的全部感情完全地依赖于你。

约瑟芬对此十分矛盾，她爱着贝多芬，但是也要履行做母亲的责任。贝多芬没有多少钱，不能给约瑟芬带来生活的保障。同时，家庭内部同样反对两人的结合。1808 年夏天，约瑟芬认识了史特克伯男爵，不到两年，两人就结婚了。但是，婚后的约瑟芬并不幸福，不久就被丈夫抛弃。后来约瑟芬每每想起贝多芬，都感到非常后悔。

姐姐特蕾莎在三姐妹中年纪稍大，原来与贝多芬的接触也是比较少的。但是在 1808 年之后，两人却又有了更加紧密的交往。那时候，贝多芬已经 40 岁了。特蕾莎崇拜着贝多芬的艺术天才，认为可以帮他承受生命的压力。贝多芬也被特蕾莎温婉可人的性格迷住了，只要是两人在一起，贝多芬就会感到非常轻松惬意。热恋之中的特蕾莎曾经将自己的肖像赠送给贝多芬，贝多芬一直将其保管在写字台的一个秘密抽屉里。而贝多芬也曾经为特蕾莎专门创作了《第二十四钢琴奏鸣曲》。这首奏鸣曲给人以明媚、宁静、情意绵绵的感觉。曾经也有传言说两人实际上订过婚，但是后来却不欢而散。贝多芬晚年一直非常怀念特蕾莎。据说有一次，一位朋友偶然闯入了贝多芬的房间，看见他独自抱着特蕾莎的肖像在哭泣，并高声地自言自语说：“你是这样的美，这样的伟大，和天使一样。”

贝多芬去世之后，在他写字台的秘密抽屉里，人们发现了三封情书。这三封情书到底是写给谁的，没有人知道，因为上面都没有姓名和地址。人们将这三封情书称为“致不朽的爱人的情书”。在这里，我们也非常乐于将这三封情书的内容列出来，让我们领略贝多芬那丰富而细腻的内心世界。

7月6日，清晨

我的天使，我的一切，我的我。

今天我只想写上几行字，随便用铅笔（用你的铅笔）写几行。我的住宅要到明天才能定下来。在这些事情上是多么浪费时间啊！为什么要讲这些令人忧愁的事情呢？我们的爱情怎么样才能经受住考验而继续下去？你可不可以完全属于我，我也完全属于你？

啊！上帝，看看美丽的大自然吧，它会用一种不可避免的感觉抚慰你的心绪。爱情是需要面面俱到的，它是不会错的；你中有我，或我中有你——只有你使我这样的难以忘记，我一定得为你而生存下去。我们可否结合在一起？而你所感到的痛苦，是否和我的一样大？

我的旅程并不顺利，我昨天早晨四点才到达了此

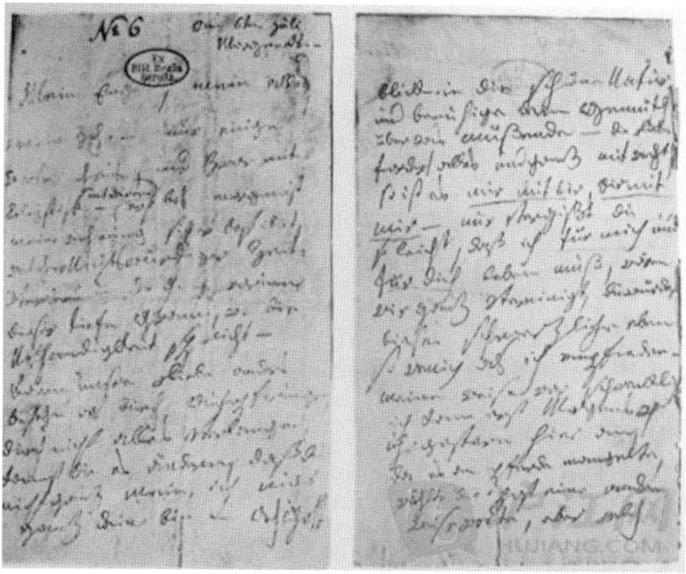

贝多芬的情书手稿

地。因为他们缺少马匹，所以车子就选择了另一条路线。但那是一条多么可怕的路线啊！在最后一段行程中，他们警告我不要在夜间赶路，但我仍旧继续前行。

路面是崎岖的，一条典型的乡间道路，我没有带马车夫；埃斯特海斯走着另外一条路，也遭到了同样的厄运。他有八匹马，而我只有四匹。但我毕竟是快乐的，像往常一样，只要我身体恢复健康，我就是幸福的。

我们不久就将见面了。我现在不能完全告诉你过去几天我的感想如何。——愿我们心心相印，我从未这样爱过别人。我有满肚子的话要对你说——唉，有时候我发觉语言全然是无用的。

愿你快乐——愿你是我忠实的、唯一的心肝宝贝，我的一切，正如我完全是你的一样。

你的忠实的路德维希

7月6日星期一，晚

我最珍爱的，我刚才获悉，所有的信件要在一早交出去，每星期一、星期四邮政马车从这里前往K地。

啊，我最珍爱的，不论我身在何处，你都随我同在，尾随我的梦幻，我与你窃窃私语。让我同你生活在一起吧——这会是何等幸福的人生啊！何等幸福！没有你，一切都会变得索然无味。人对人的恭顺——这使我痛苦不堪。当我把自己看成是同宇宙浑然一体的时候，我的存在和上帝——那至高无上者——便融合在一起了。这再次表明人身上有神性。

当我想到你大概要在星期六才能收到我第一封信时，我就要流泪。我对你的爱要胜过你对我的爱，可是你对我倒是从来都不隐瞒什么！

晚安——洗完澡我就要上床睡觉了。啊，上帝，你是咫尺天涯啊！我们的爱情难道不是天国之柱吗？它宛如苍穹的圆顶那样稳固。

7月7日，清晨

虽然我躺在床上，但我的思想却飞到你那里去了，我的不朽的爱人。我有时会感到快乐，忽而又感到悲哀；我等待命运对我们的安排，它会不会怜悯我们？我想长久地同你生活在一起。是的，我心已决，我要漂泊远方，知道我能飞到你的身边，只有在你的身边我才能心安，我的灵魂被你拥抱，然后才能飞向精神的王国——是的，只有这样我的灵魂才能飞向精神的王国。你要把握住自己，因为你知道我对你是如此的忠诚，我的心上不能有别的女人，不能——不能！

啊，上帝，相爱的人为什么要分离？可我在维也纳如今过的是一种何等痛苦的日子啊！你的爱情使我幸福极了，但同时也使我堕入了不幸的深渊。在我一生中的时间，我需要的是生命的平静和稳定，我们之间的关系能使我的生活趋向平静和稳定吗？

我的天使，我刚刚才听说每天都有邮车出发，这样一来，你马上就能收到这封信了。

镇静吧，我们只有通过静观才能达到我们的目的。我也深感只有跟你在一起，我才能拥有一个真正的家庭；只有静静地想着我们的生存才能对我们的共同生活有所帮助。镇静吧！爱我！

今天——昨天——我是如何地希望着你——你——我的生命——我的一切。别了！永远爱我——不要误会你爱人的一颗真诚的心。

永远是你的，永远是我的，永远是我们的。

你所爱的路德维希

贝多芬所挚爱的这位爱人，到底是谁，我们不得而知。而这些信为什么最终还是没有寄出去——根据信中的内容来讲，不应该会有所迟疑——我们同样不得而知。但是，这些信让我们能够更好地理解贝多芬丰富的情感生活，细腻的感情世界。这对于我们理解贝多芬，理解贝多芬的艺术至关重要。

《英雄交响曲》

1802 年，贝多芬因为耳朵的疾病在海利根施塔特疗养的时候，他将自己的全部精力都投入到音乐的创作之中。这个夏天，贝多芬开始构思一部交响曲。因为这段时间，贝多芬刚刚接受了自己的耳朵不可能被治愈的残酷现实，并且下定决心要同命运抗争，因此，这部交响曲也以雄壮的姿态出现。这种英雄主义，可以说一直伴随着贝多芬，从小到大，他的倔强和坚强，以及不屈服权贵的精神，都是这种英雄主义的最佳体现。而这一阶段刺激贝多芬进行这个交响曲创作的动因，不仅仅是耳朵的疾病，还有一个至关重要的人物——拿破仑。

贝多芬在波恩大学的时候，就已经接受了共和思想。他被自己邻国风起云涌的革命所深深震撼。而在这个过程之中，带给他最大震撼的人物就是拿破仑。在这里，我们也再一次回顾一下拿破仑这位在整个人类历史上留下声名的伟人的一些生活轨迹。

拿破仑·波拿巴 1769 年出生在科西嘉岛的阿雅克肖城，他的家族是一个意大利贵族世家，科西嘉岛刚刚被卖给法兰西王国后，法王承认其父亲为法兰西王国贵族。在父亲卡洛·波拿巴的安排下，拿破仑 9 岁时就到法国布里埃纳军校接受教育。1784 年以优异成绩毕业后，被选送到巴黎军官学校，专攻炮兵学。16 岁时父亲去世，他中途辍学并被授予炮兵少尉头衔。在随部队驻防各地期间，他阅读了许多启蒙思想家的著作，其中卢梭的思想对他影响非常大。

1789 年法国大革命爆发后，法国政局变幻莫测，形势风起云涌。1792 年，代表大工商业资产阶级的吉伦特派上台执政，9 月 22 日，法兰西王国改为法兰西共和国，1793

拿破仑

年初路易十六被处死，英国等组成第一次反法同盟，法国革命面临严重的危机。1793 年 6 月，以罗伯斯庇尔为首的代表中小资产阶级的民主派雅各宾派掌握了政权，法国大革命达到了高潮。7 月，已经是少校的拿破仑带兵攻下了保王党的堡垒土伦，因此受到雅各宾派的赏识，被破格升为准将，这是欧洲军事史上的首次破例。1794 年热月政变中拿破仑由于和罗伯斯庇尔兄弟关系亲密而受到调查，后因拒绝到意大利军团的步兵部队服役而被免去准将军衔。1795 年他受巴黎督政官巴拉斯之托成功平定保王党武装叛乱，也就是著名的镇压保王党战役。拿破仑一夜之间荣升为陆军中将兼巴黎卫戍司令，开始在军界和政界崭露头角。

拿破仑远征埃及

1796 年 3 月 2 日，26 岁的拿破仑被任命为法兰西共和国意大利方面军总司令，3 月 9 日与情人约瑟芬·博阿尔内结婚，之后便匆匆奔赴前线。在意大利，拿破仑统率的军队多次击退了奥地利帝国的维尔姆泽将军与萨丁组成的第一次反法同盟联军，最后迫使对方签署了有利于法兰西共和国的停战条约。取得意大利之役的胜利后，拿破仑的威信越来越高，他成为法兰西共和国人民的新英雄。而他的崛起令督政府感觉受到威胁，因此任命他为法兰西共和国阿拉伯埃及共和国军司令，派往东方以抑制英国在该地区势力的扩张。然而 1798 年远征埃及本身是一个大失败。虽然拿破仑指挥法军在陆地上取得第一执政全盘胜利，但拿破仑的舰队被英国的海军中将纳尔逊完全摧毁，部队被困在埃及。原本侵略印度的计划受阻，人员损失惨重。此时欧洲反法联盟逐渐形成，而法兰西共和国国内保王党势力则渐渐上升。1799 年 8 月，拿破仑最终决定赶回巴黎。1799 年 10 月，回到法国的拿破仑被当作“救星”而受到欢迎。11 月 9 日，拿破仑发动了“雾月政变”并获得成功，成为法兰西共和国第一执政，实际为独裁者。

拿破仑之后进行了多项政治、教育、司法、行政、立法、经济方面的重大改革，其中最著名并且直到今天依然有重要影响的《拿破仑法典》，是在政变的当天晚上由拿破仑下令起草的，很多条款拿破仑本人亲自参加讨论并最终确定，基本上采纳了法兰西共和国大革命初期提出的比较理性的原则。法典在1804年正式实施，即使是在一个多世纪后依然是法兰西共和国的现行法律。法典对德国、西班牙、瑞士等国的立法也产生了重要影响。在政变结束后三周拿破仑向人民发布的公告中，他自豪地宣称："公民们，大革命已经回到它当初借以发端的原则。大革命已经结束。"另外，拿破仑还确定了保留至今的国民教育制度以及法国荣誉军团制度。1802年8月，拿破仑修改共和八年宪法，改为终身执政。

贝多芬创作《英雄交响曲》的时候，正好是在此时。这一时期的拿破仑，总体来讲是属于革命的一方。他镇压保王派，支持资产阶级的斗争。同时他思想开明，进行了大刀阔斧的资产阶级改革。因此，极大地推动了法国资产阶级的发展，也为整个欧洲资产阶级树立了典范。拿破仑的革命精神，不向命运屈服的斗志，都极大地刺激了贝多芬。即使是自己的祖国正在同拿破仑战斗，他也热情地讴歌心目中的这位伟人。实际上，拿破仑成为贝多芬心目中"英雄"这一形象的最佳化身。在他的心目中，拿破仑不仅仅是百战百胜的英雄，还是思想革命的伟大拯救者。他会高举自由的旗帜，把人民与生俱来的权利重新交给人民，把所有的民族、国家团结成一个伟大的联盟，实现永久和平的古老梦想。贝多芬把拿破仑看成是人类的造福者，现代的普罗米修斯。因此，贝多芬满怀激情地进行创作，几乎是一气呵成地创作完了这部交响曲。在贝多芬的原稿上，写下了“献给波拿巴”的字样。

但是，很快，事情的发展就出乎了贝多芬的意料，拿破仑在权力的诱惑之下，逐步走向了独裁统治！1804 年 11 月 6 日，公民投票通过共和十二年宪法，法兰西共和国改为法兰西帝国，拿破仑 · 波拿巴为法兰西人的皇帝，称拿破仑一世。

从 1803 年开始，拿破仑开始穿越英吉利海峡侵略英国，从此他的战争开始逐步从正义的自卫战争转变为大资产阶级谋夺利益的非正义的侵略战争。但是拿破仑本人对海战并不精通，作战计划不切实际，加之英国人的抗战决心，战争以失败告终。从此法国丧失了和英国争夺海上霸权的能力。英国为了解海上之围，已经挑动奥地利和俄国等欧洲大陆国家组成第三次反法同盟，拿破仑只得放弃侵略英国的作战计划。1805 年 8 月，奥地利、英国、俄国组成了第三次反法同盟，拿破仑于是在9月24日离开巴黎，亲自挥军东进，到10月12日法军已经占领了慕尼黑。10月17日法兰西第一帝国和奥地利帝国在乌尔姆激战后，反法同盟投降。之后法兰西第一帝国又在12月2日，以七万人的弱势兵力打败了九万俄奥联军的强势兵力，取得了奥斯特里茨战役的胜利，反法同盟再度瓦解，并且迫使奥地利帝国取消了神圣罗马帝国的称号。拿破仑随后联合德国境内各诸侯国组成“莱茵邦联”，把它置于自己的保护之下。

次年秋天，大不列颠及爱尔兰联合王国、俄国、普鲁士组成了第四次反法同盟，10月14日，拿破仑率军攻打普鲁士军队，在耶拿战役中他集中了九万人的兵力对普军发动进攻，但是，这根本就不是普军的主力。在奥尔斯泰特，法国达武元帅的两万法军劣势兵力遭遇了普鲁士国王亲自统率的五万人的主力，达武元帅奋力指挥这两万人马击溃了普鲁士军队，普军几乎全军覆没，普王和王后仓皇逃命。拿破仑因此取得了德国大部分地区。1807年6月法军又在波兰的艾劳会战和弗里德兰战役中大败俄国军队，拿破仑与俄国沙皇亚历山大一世会面，双方签订了和平条约，在此前一年拿破仑颁布了《柏林敕令》，宣布大陆封锁政策，禁止欧洲大陆与英伦的任何贸易往来。自此，法兰西第一帝国在欧洲大陆的霸主地位得到了确立。拿破仑一世兼任意大利国王、莱茵邦联的保护者、瑞士联邦的仲裁者，并分别封他的兄弟约瑟夫、路易、热罗姆为那不勒斯、荷兰、威斯特伐利亚国王。

1807 年末西班牙爆发内部动乱，西班牙国王遭到人民的唾弃。拿破仑趁机入侵了西班牙，并让其长兄约瑟夫·波拿巴成为西班牙的国王。但是这个举动遭到了西班牙人的反对，拿破仑根本无法平息当地的暴动。英国在 1808 年介入西班牙争端，英军 8 月 8 日登陆蒙得戈湾，8 月 30 日占领了整个葡萄牙。之后他们在当地民族主义者的支持下，逐步将法军赶出了伊比利亚半岛。拿破仑在西班牙的侵略战争是他战略的一大失误，从此法军陷入了两线作战的苦境，西线在伊利比亚半岛作战，东线则与反法同盟周旋。

正当拿破仑陷入西班牙泥潭之际，1809 年初第五次反法同盟组成。奥地利帝国在背后偷袭法国在德国的领土，拿破仑被迫退出西班牙，率军东征。法军于 5 月 13 日占领维也纳，拿破仑与卡尔大公指挥自己的军队在阿斯珀恩－埃斯灵会战中交锋，法军大败，拉纳元帅阵亡，法军被迫撤回至洛鲍岛，死伤和被俘三万余人，奥军伤亡两万余人。

这是拿破仑亲自统兵以来打的第一次败仗，但是拿破仑凭着他那钢铁般的意志转败为胜，在7月5—6日的瓦格拉姆战役中法军取得了决定性的胜利，迫使奥地利签订维也纳和约，再次割让土地。次年，拿破仑娶奥地利公主玛丽·路易丝为妻，法奥结成同盟，法兰西第一帝国达到全盛。拿破仑成为欧洲不可一世的霸主，成为与凯撒大帝、亚历山大大帝齐名的拿破仑大帝。

之后，拿破仑依然没有停止自己侵略欧洲的脚步。但是他已经并非不可战胜了。在经历了长期的战斗之后，拿破仑最终在1814年被击败，法兰西第一帝国灭亡。之后，拿破仑又卷土重来，建立了百日王朝，但是最终在滑铁卢战败，并在1815年被关押到了大西洋的圣赫勒拿岛上。1821年5月5日，拿破仑去世。

纵观拿破仑的一生，他的前期是先进而革命的。如果没有他的鼎力支持，法国大革命很可能会被保王党推翻，封建主复辟可能会导致之前的革命成果付诸东流，但是拿破仑将资产阶级革命的成果很好地巩固了下来。这也正是贝多芬热情讴歌他的原因。但是，之后他走上了独裁的道路，这却是贝多芬极不愿意看到的。他在1804年得知拿破仑称帝之后，怒不可遏地喊道："他也不过是一个凡夫俗子罢了，现在他就要践踏一切人的权利，只顾自己的野心了。他就要高居于所有人之上做个暴君了！”于是，他将自己原来“献给波拿巴”的草稿的扉页撕毁，然后将题目更改为“《英雄交响曲》——为纪念一位伟大的人物而作”。由此我们可以看出，贝多芬刚开始将拿破仑奉若神明，但是拿破仑称帝之后，贝多芬心目中的英雄已经死了。

而当1821年拿破仑被流放之后，贝多芬更是直截了当地表示，自己已经在《英雄交响曲》中预告了这个结局，因为《英雄交响曲》的第二乐章名为《葬礼进行曲》。《英雄交响曲》全曲分为四个乐章。第一乐章揭示了英雄性格的各个侧面以及为了人类美好的未来而进行的艰苦卓绝的努力。第二乐章则是悲壮的挽歌，习惯上称为《葬礼进行曲》。罗曼·罗兰曾经说过，“这是全人类抬着英雄的棺木”。乐曲从小调性的旋律开始，缓慢的速度配合着送葬者沉痛的步伐，以附点音符节奏为特征的悲哀曲调，表现出民众悼念烈士的心情。第三乐章是与前乐章形成鲜明对比的一首谐谑曲。音乐充满了活力和乐观的情绪，前后两部分是闪电般急速迅猛的音调，中间部分则是象征着光明未来的号角声。它表现了民众在英雄之后前赴后继的精神。第四乐章则表现了民众庆祝胜利的场面。《英雄交响曲》

Symphony No. 3 in Eb Major, Op. 55 "Eroica"

贝多芬《英雄交响曲》曲谱部分

终曲的基本主题是表现整齐的民众方队在英雄纪念碑前献花致敬以及庆祝胜利的狂欢。1805 年 4 月 7 日，在维也纳皇家剧院举行了《英雄交响曲》的第一次公演，由贝多芬本人亲自指挥。但这部革命性的交响曲并没有立刻就得到公众的理解和认可，有观众甚至说：“只要停下来不再演奏，我可以再多给一个铜板。”因为人们习惯欣赏的交响曲是结构精致、声音悦耳的，但是这部作品却结构庞大，并且让人感受到内在的巨大能量——虽然这正是贝多芬最具有革命性的地方，也是带给贝多芬崇高声誉的地方，但是在当时却几乎没有人能够理解。保罗·亨利·朗格在《西方文明中的音乐》一书中如此评价《英雄交响曲》：“《英雄交响曲》在构思上的大胆，手法幅度上的宽广，结构上的缜密使得别的作品相形见绌。贝多芬自己也没有再创造出有这样如火如荼般想象力的伟绩。他写的其他作品可能更伟大，但再没有像这样气贯长虹。每一个成分都是不平凡的，新颖的，但都奇妙地为它的目的服务：不是歌颂一个人，而是歌颂一个理想，歌颂英雄主义。关于这部作品最初是献给拿破仑的有名的故事，丝毫不能改变这一事实。”

《英雄交响曲》是贝多芬音乐创作里程中的一个崭新

阶段，是整段音乐发展史上的一个里程碑。它的内容是英雄性的，是对那个时代的歌颂，是对自由、解放和共和的追求的歌颂。它形式大胆新颖，规模宏大，结构紧凑，显示出一种古典雕刻的均衡美感。然而，《英雄交响曲》无论是音乐思想及其发展的深刻和丰富，还是音乐节奏、和声、对位、配器等管弦乐手法的富于表现力和无限多样化，对于那些已经习惯在古典音乐中寻找称心如意的悦耳的旋律的音乐鉴赏家、批评家以及贵族听众们来说，显然都是无法理解和不能接受的。它的出现，标志着贝多芬音乐创作成熟时期——“英雄时代”的到来！

这一时期，贝多芬的其他作品中也洋溢着“英雄”的情结，比如《爱格蒙特》序曲和《第七交响曲》。

《爱格蒙特》是歌德创作的一部悲剧作品。它描述了16世纪荷兰人民反对西班牙统治和争取独立的斗争。该剧的主人公爱格蒙特伯爵是16世纪荷兰民族革命的统帅，由于西班牙派驻荷兰的总督背信弃义，他被捕入狱并被处以死刑，全剧以悲剧结尾。爱格蒙特的崇高形象和他的悲惨命运，使贝多芬深为感动。他以爱格蒙特的形象作为这首序曲的中心，不但反映出爱格蒙特的斗争精神和他悲剧性的遇难，而且还体现了爱格蒙特英勇斗争的结果——即最终取得胜利的荷兰人民的狂欢场面，这一创意充分地表达出“人民革命力量不可战胜”的坚定信念，而且还为歌德原著中那“单纯悲剧性”的结尾加上了光明的希望。他在给出版商的信中还特意为最后一段音乐附上了“预告祖国即将得到的胜利”这样一条注解。

爱格蒙特序曲用奏鸣曲的形式写成，主题形象鲜明，是一首典型的标题音乐作品。根据音乐的情节和内容，序曲分为“在西班牙殖民者统治压迫下的荷兰人民的苦难”“荷兰人民反抗西班牙暴政的激烈斗争”和“荷兰人民的胜利场面”这三大部分。第一部分经过整个乐队奏出长和弦之后，弦乐部分在低音区奏出几个无比沉重的音符，仿佛在讲述荷兰人民在重压之下的苦难。这一部分给人以极端压抑的感觉。第二部分一段略显轻快的旋律使压抑的气氛暂时得到一些缓解，仿佛爱格蒙特号召人民团结起来，通过斗争来争取自由；但环境是严酷的，斗争是艰苦的，爱格蒙特揭竿而起，革命力量在不断壮大。第三部分经过顽强的斗争，爱格蒙特不幸殉难。但荷兰人民的革命斗争并未因此而结束，而是规模更加庞大、气势更为宏伟，终于一步步走向胜利。主题中那一往无前的英雄气概，正是贝多芬许多作品共同主题的体现。荷兰人民为胜利而狂欢，英雄爱格蒙特的名字和光辉形象也永远留在人民心中。

贝多芬《第七交响曲》曲谱部分

爱格蒙特序曲以英雄性的构思及严整、完美的形式给人以强烈的感染。这是最通俗易懂和最受欢迎的交响乐作品之一，经常作为一首独立的交响乐曲在音乐会上演奏。

《第七交响曲》同样洋溢着英雄主义的色彩。当贝多芬创作他的第七交响曲时，人们正注视着欧洲的版图被鲜血重新绘制。那是在 1811 年到 1812 年的秋、冬、春三季。这部作品在 6 月间完成，此时拿破仑战事已进入最后的高潮，他大举侵犯俄国，但却在旦夕之间溃不成军。当这部交响曲第一次上演时，拿破仑帝国已到达了分崩离析的最后阶段。

《第七交响曲》即《A 大调第七交响曲》，是无副标题的作品，人们通常喜欢把它称之为“舞蹈性的交响曲”“舞蹈的颂赞”。在贝多芬所有没有副标题的交响曲当中，这部作品是最受欢迎的。其中有贝多芬所写出的最著名的慢版乐章以及最著名的快板乐章，它的地位始终是九大交响曲中不可忽视的一部。它具有英雄性的性格，但它并不像第三、第五交响曲那样，有一个通过人民群众的各种欢乐场面来表达一种富于活力的英雄形象。整个第一乐章自始至终贯穿着一种力度的运动，它以 6/8 拍子带有附点节奏的舞蹈性主题作为基础。在这个乐章有不少力度的变化，也有不少紧张性的高潮，但是它们并不是由于对立形象戏剧性的冲突所造成的，而是整个乐章的音乐就像一股巨大的浪潮一样，不停地起伏，形成了充满激情的力量。第二乐章与整个交响乐形成鲜明的对比，是一首富于歌唱性的葬礼进行曲。音乐非常动听，而且十分深情。交响曲的终曲又回到第一乐章的愉快、明朗、生气勃勃的气氛中来，甚至比第一乐章更强烈，更富于力量。这里在舞蹈性音乐中又加入了进行曲的因素。终曲的音乐，也是以不同的三种节奏型的交替作为基础的。所以，整个《第七交响乐》最鲜明的特点是它具有多样性的节奏变化。

我们通过贝多芬这些英雄主义的作品，也可以看出贝多芬内心的激荡和对自由的向往。他爱憎分明，内心强大。他敢于蔑视命运，并试图“扼住命运的咽喉”。正是这样的信念和性格，支撑着他战胜了疾病的折磨，在最困难的情况下，依然坚持着音乐的梦想。耳聋——这个音乐家的天敌并不能使贝多芬屈服，那么还有什么是不可战胜的呢？我们要热情地颂扬贝多芬的音乐作品，更要颂扬贝多芬这位英雄，这位不屈的斗士！而贝多芬也通过《英雄交响曲》，奠定了自己的音乐风格。柴可夫斯基曾经评论贝多芬的这部作品：“贝多芬在他的前两部交响曲里只是他的先驱者海顿和莫扎特的优秀继承者，在这部交响曲里才真正表现出贝多芬创作天才的令人惊叹的无限力量!”海顿、莫扎特没有贝多芬如此坎坷的命运，没有经历贝多芬所经历的年代。《英雄交响曲》属于贝多芬，属于那个伟大的时代!

《命运交响曲》

如果说，《英雄交响曲》是贝多芬内心英雄情结的抒发，更多地体现了贝多芬的政治理想，那么《命运交响曲》(《第五交响曲》) 则是贝多芬对命运的呐喊。贝多芬一生都在同命运抗争，那么贝多芬的音乐自然少不了这样一个永恒的主题。贝多芬开始构思并动笔写《命运交响曲》是在 1804 年，那时，他已写过“海利根施塔特遗书”，他的耳聋已完全失去治愈的希望。他热恋的情人朱丽叶小姐也因为门第原因离他而去，成了加伦堡伯爵夫人。

一连串的精神打击使贝多芬处于死亡的边缘，但是，贝多芬并没有选择死亡。他在一封信里写道：“假使我什么都没有创作就离开这世界，这是不可想象的。”当然，《命运交响曲》并不仅仅反映了贝多芬的个人经历，他想把这部作品升华到整个人类与命运搏斗的高度。他在给魏格勒的信中已经提到过：“我要扼住命运的咽喉。生活的道路艰难曲折而且布满荆棘，在生活中总会遇到失败和胜利，痛苦和欢乐。但是《命运交响曲》告诉我们，英雄会斩断束缚着他的锁链，点燃自由的火炬，朝着欢乐和幸福的目标前进！”这一次，高举圣火的普罗米修斯不再是拿破仑，而是贝多芬自己！

贝多芬在一生中最痛苦的时期，展开了一次旺盛的创作高潮：《第三交响曲》（《英雄交响曲》）尚未写完，《第五交响曲》（《命运交响曲》）已开始动笔。1807 年《第五交响曲》完成并出版之前，活泼浪漫的《第四交响曲》已在一年前上演，同场首演的还有《第六交响曲》（《田园交响曲》）等。

贝多芬在《命运交响曲》第一乐章的开头，写下一句发人深思的警语“命运在敲门”，从而被引用为本交响曲具有吸引力的标题。作品的这一主题贯穿全曲，给人一种无法言喻的感动与震撼。贝多芬在《英雄交响曲》完成以前便已经有了创作此曲的灵感，一共花了五年的时间推敲、酝酿，才最终完成。乐曲体现了作者一生与命运搏斗的思想。这是一首英雄意志战胜宿命论、光明战胜黑暗的壮丽凯歌。恩格斯曾盛赞这部作品为最杰出的音乐作品。整部作品精练、简洁，结构完整统一。

《命运交响曲》在 1808 年 12 月 22 日于维也纳剧院首演。这场盛大的音乐会演奏的都是贝多芬的新作品，并且由贝多芬亲自担任指挥。整场演出的时长超过四个小时。贝多芬将此交响曲题献给他的两位赞助者，洛布科维兹王子以及里奇诺夫斯基公爵。这在 1809 年 4 月的初版版本上被明确标示。

首演音乐会时的环境与条件其实并不理想。当时，管弦乐团没有演奏好，他们在演奏会前只排演了一次。而《Choral Fantasy》一曲又有演奏者出了差错，迫使贝多芬停下重新开始。此外，当时演奏厅极冷，观众又因为节目太长而疲劳。在这样的背景下，音乐会没有引起大的反响。不过一年半之后，另一个音乐会却引起了热烈的反响。当时一位著名的评论家霍夫曼在杂志上发表了评论，他激动地描述道："强光射穿这个地区的夜幕，同时我们感到一

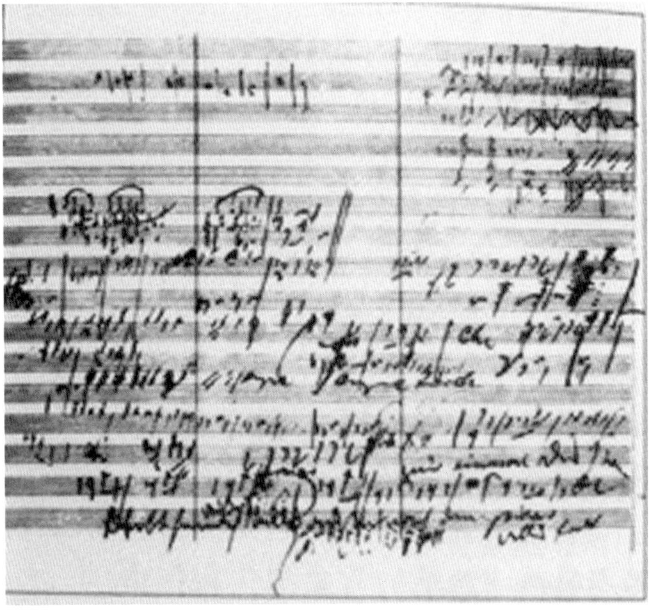

贝多芬《命运交响曲》手稿

个徘徊着的巨大暗影降临到我们头上并摧毁了我们内心的一切，除了那无尽渴望所带来的痛，一种让在欢呼声中燃起的那份喜悦倒下逝去的痛。这份痛在耗费爱、希望和喜悦却不将他们毁灭的同时，让我们用尽所有的激情迸发出一种全身心的嘶声呐喊。唯有经历了这样的痛，我们才能坚定地活下去，成为灵魂的坚定守望者。”

全曲共有四个乐章。

第一乐章，乐曲一开始就出现了命运敲门式的动机。这一动机发展出惊惶不安的第一主题，它贯穿着第一乐章，推动音乐不断向前发展。第一主题激昂有力，具有勇往直前的气势，表达了贝多芬的愤慨和向封建势力挑战的坚强意志。接着，圆号吹出了由命运动机变化而来的号角音调，引出温柔、抒情、优美的第二主题。它抒发着贝多芬对幸福、美好生活的渴望和追求。命运动机再次闯入，引出了展开部，威风凛凛的命运再次占了上风。展开部中，转调非常频繁，这更增加了原有的不稳定性，使音乐显得更加丰富。再现部与呈示部相同。但在这一乐章的庞大结尾处，两个主题再次会合，音乐的气势不可阻挡，进一步显示出人民战胜黑暗的坚强意志和必胜信念。

第一乐章展示了一幅斗争的场面，音乐象征着人民的力量如洪流般以排山倒海之势，向黑暗势力发起猛烈的冲击。乐曲一开始出现的强有力的富有动力性的四个音，也就是贝多芬称为“命运”敲门声的音型，就是主部主题。这一主题是向前冲击的音乐形象，推动着乐曲不断发展，也在以后的各乐章中不断出现、发展。这一主题激昂有力，具有一种勇往直前、不屈不挠的气势，展示了惊心动魄的斗争场面。当各种乐器进行轮回模仿，相继掀起一次比一次紧张的浪潮之后，圆号奏出了一个命运动机的变体，它表达了一种必胜的信心。这是一个连接句，它从前面紧张、威严的音乐场面中，引出了富于歌唱性的第二主题，这是一个抒情的旋律，温柔优美，明朗的音调与前面形成对比，它表达着人们对幸福生活的渴望与追求。在这里，严峻的命运动机退居到低音声部并以伴随形式出现，使温柔的音乐里带有不安的色彩，推动音乐继续发展。乐曲最后在明朗的气氛中，以果断、热烈的音响结束了呈示部。经过富于表现力的两小节休止后，随着命运动机的出现进入发展部，音乐又回到了不安的音调，艰苦激烈的斗争又开始了。这时的第一主题非常活跃，它无休止地反复，调性不断转换，力度不断加强，随后出现鲜明有力的号角般的第二主题。这两个主题用各种手法交替变化发展，如对比复调的手法、频繁的转调等等，增加了音乐的不稳定因素，使音乐更加丰富。最后，命运的动机又闯了进来，并以最强的音响不断重复，形成了发展部的戏剧性高潮，音乐直接进入再现部。再现部中，呈示部那种斗争的场面再度出现。在第一主题与连接部之间，双簧管奏出了一段缓慢的哀鸣音调，第一主题的发展突然被打断。可是，激动不安的情绪又立即恢复，只是当第二主题出现时才稍为平静。然而，光明与黑暗的斗争并没有结束，在庞大的尾声中越来越激烈。这时，音乐发展的气势锐不可当，鲜明的力度对比，紧张的和声发展，形成全乐章的最高潮。乐章结束时，第一主题动机那强烈的音响，进一步刻画了勇于挑战的英雄性格，显示了人民必定战胜黑暗势力的坚强信心。

第二乐章是一首优美的抒情诗，宏伟而又辉煌，同第一乐章形成了对比。它体现了人们的感情世界，战斗后的静思同对美好理想的憧憬互相交错，最后转化为坚定的决心。第一主题抒情、安详、沉思，由中提琴、大提琴拉出。富有弹性的节奏和起伏的旋律，使这个主题具有内在的热情和力量。第二主题先是由木管奏出，然后由铜管乐器吹出英勇豪迈的凯旋进行曲。在尾声中，第一主题做了简单的展开，表现出英雄的乐观情绪，以及从沉思中获得进一步斗争的信心和力量。乐曲开始时，在低音提琴拨弦伴奏下，中提琴和大提琴奏出第一主题，它深沉、安详、优美，蕴藏着深厚的力量和对美好生活的向往。紧接着，单簧管和大管奏出了具有战斗号召性的第二主题。这个主题的音调与第一主题很接近，并与法国革命时期的歌曲有音调上的联系。这是进行曲风格的英雄主题，它起初抒情而沉思，转入 C 大调由全乐队强奏后，成为一支雄伟的凯旋进行曲，充满火热的朝气，鼓舞着人们勇往直前。以后音乐的发展是这两个主题交替出现的六次不同的变奏。这六次变奏，贝多芬运用不同的节奏音型，调性转换、乐器变换等各种手法，表现出英雄在激烈斗争后的沉思和战胜黑暗的坚定信念，以及充满活力的激情。例如第一变奏以第一主题连续的十六分音符把音乐变得起伏和激动不安。第二变奏以三十二分音符的连续出现，增强了动力性，表现出英雄战胜黑暗的坚定信念。最后一次变奏，像英雄的凯歌一般，具有豪迈的英雄气概和乐观情绪，这一乐章的尾声，对第一主题作了简单的展开，表现从深思中获得力量，对未来的胜利充满信心。

第三乐章，大提琴和低音提琴发出了跃跃欲试的音调，小提琴却是无可奈何的叹息。命运主题依然凶险逼人，决战的第一阶段仍由命运取胜。但是，黑暗必将过去，曙光就在眼前，伴随着低音弦乐奏出的舞蹈主题，引出了振奋人心的乐段，它象征着人民群众在黑暗势力下的斗争信心和乐观情绪。最后，第一主题在第一小提琴的演奏下，自由地向上伸展，乐队的音域在扩大，音响在增强，一种不可抑制的力量把音乐直接导入那光辉灿烂的终曲。第三乐章用复三部曲式写成，在调性上，回到了动荡不安的情绪，像是艰苦的斗争还在继续，它是通向第四乐章的过渡和转换。主部由两个对比性主题构成，第一个主题有两个因素：第一个因素由大提琴和低音提琴奏出急速向上的旋律，有一种向前推进的力量，但又显得有些迟疑。另一个因素是这个基础上的应句，由一连串和弦组成，它沉着、抑制，又显出不安的情绪。这个主题陈述两次之后，圆号奏出一个非常活跃的、号角般的新主题，那熟悉的节奏，使听者一下子就能确认第一乐章的主题在这里以另一种形象出现了，它威严、稳健，具有进行曲的特征。两个不同气质的、尖锐对质的主题轮番出现，表现了动荡不安及艰苦斗争的场面，而且每一次出现都越来越尖锐、复杂，富于戏剧性的效果。中间部分以热烈的德奥民间舞曲为中心主题，由c小调转为明朗的C大调，音乐采用了复调赋格与主调和声的对比手法，情绪热烈而乐观，先由大提琴和低音提琴奏出，它与前面的音乐形成对比，有一种不可遏制的力量，造成风起云涌之势，表现出人民的力量一浪高过一浪和越来越强的必胜信念。第三部分是动力性的再现部。开始的两个主题都用弱音奏出，进行再现和发展。定音鼓敲击的基本动机节奏型预示矛盾冲突在继续，这是在积蓄着准备最后冲刺的力量。接着，第一主题轻声出现，音乐自由向上伸展，乐队的音域不断扩大，力度由弱到强，调性色彩由暗到明，渐渐发展成为一种不可遏制的力量，响亮的和弦音导入光辉灿烂的最后乐章。

第四乐章，开始是雄伟壮丽的凯旋进行曲，先是由乐队全奏辉煌的第一主题，后是由弦乐拉出欢乐的第二主题，表现人民获得胜利的无比欢乐。到发展部高潮时，狂欢突然中断，远远地又响起了命运的威吓声，但已是苟延残喘，再也阻挡不住历史前进的潮流了。这就是命运交响曲，高亢、激昂，催人奋进。这首在饱尝人生磨难、忍受身体与心灵双重伤害后，向命运发出的挑战与呐喊，是孤独的诉说，是病痛的呻吟，是愤懑的宣泄，是对人生多舛的拷问！于是，辉煌、明亮的第一主题再次响起，以排山倒海的气势，表现出人民经过斗争终于获得胜利的无比的欢乐。这

贝多芬《命运交响曲》曲谱部分

场与命运的决战，终于以光明的彻底胜利而告终。规模宏大的第四乐章充满光明和无比欢乐的情绪，是欢呼胜利的热烈场面。乐章呈示部的主部主题包含两个部分，第一部分以雄伟壮丽的凯旋进行曲开始，和弦饱满有力，旋律积极向前，由全乐队强奏。第二部分音乐的情绪与前部连贯，由圆号和木管乐器奏出，音色明亮而柔和，进行曲的节奏，情绪喜悦富于歌唱性。副部主题由弦乐器奏出，建立在 G 大调上。这是一支以三连音节奏为主，轻松而带有起伏的欢乐舞曲。在呈示部的结尾段中，出现了一段与呈示部相联系的新旋律。展开部是以第二主题广泛活跃的发展为基础的，不断高涨的音乐，像是无边无际的人群，汇成了欢乐的海洋。在接近高潮时，“命运”音型又插了进来，但它已不再刚毅强劲，倒像是对过去斗争的回忆，与第一乐章遥相呼应。再现部基本上重复了呈示部的音乐，新的力量稍有增加。这个新主题，像一股巨浪从英雄心底流出，自信、豪迈而勇往直前。庞大的尾声，响起了 C 大调光辉灿烂的凯旋进行曲，它具有排山倒海的气势，表现出人民经过斗争终于获得胜利的无比欢乐。

《命运交响曲》表达的思想内容非常复杂，不能把对英雄个人的考验单纯理解为一定是与外界的力量和外部环境的冲突，这种考验也包括内部的、来自英雄本人的潜意识内的斗争。当时的评论家霍夫曼在听完《命运交响曲》之后，曾经如此评论海顿、莫扎特和贝多芬的音乐特色："主宰海顿作品的是青春气息和轻松愉悦的精神。他的交响曲带领我们进入茫茫的绿色丛林，进入多姿多彩、欢欣鼓舞的人群。莫扎特带领我们进入超脱世俗的境界。畏惧控制着我们，但却了无烦恼，更多的是不朽的预兆——贝多芬的器乐作品为我们展现出辽阔无边的世界，闪耀着灼热的光辉，穿过世界的黑暗，射出一道道的异彩。那巨大的幻影到处奔腾飞驰，越来越逼近我们。我们除了那无尽地显示渴望的痛苦之外，其他的一切都已被吞没……贝多芬是位纯浪漫派，因而成为一位真正的作曲家。……贝多芬在他的性格中深深蕴藏着的音乐是富有浪漫精神的，这种精神在他的作品中体现了他那伟大的音乐天才和深沉的构思。"

《命运交响曲》所表达的深刻的浪漫精神和乐观思想，不仅强烈地感染着人们的心灵，而且对后世的音乐创作产生了重大影响。在此之前，人们没有听到过如此具有浪漫主义色彩，同时具有鼓舞人心的英雄色彩的音乐作品。如果说《英雄交响曲》是贝多芬音乐作品的一座里程碑，那么《命运交响曲》则是又一巅峰。至今，这首交响曲依然是世界各地著名音乐剧团里常演不衰的经典曲目——这是对贝多芬最大的肯定，同时也表达了对贝多芬最崇高的敬意！

贝多芬作品

《田园交响曲》

1808 年，在《命运交响曲》创作完成之后，贝多芬的耳朵几乎彻底聋了。他重新来到海利根施塔特进行疗养。在这里，贝多芬似乎重新找回了内心的宁静。他走过宁静的农场，穿过两旁都是草场的道路，不久到达了目的地。草地闪着光，高大的榆树安静地伸展深绿色的树冠，小鸟唱着它们自鸣得意的作品，流过的小溪是那样清澈……这一切是那么美！

太阳升高了，晒干了草上的露水，贝多芬就在小溪旁边的草地上躺着，舒适地仰望着天空。一片白云飘过蔚蓝的天际，他的精神也就这样飘过苍茫无际的宇宙，飘向万物的创造者，万物的保护者。就这样，他长久地躺在那里，幸福感充满全身……

他打开速写簿。现在他的头脑中充满了音符，他迫不及待地想要把这些都记录下来。就这样，《田园交响曲》诞生了！

贝多芬亲自命名他的这首第六交响曲为“田园”。这是他少数的各乐章均有标题的作品之一，也是贝多芬九首交响乐作品中标题性最为明确的一部，这部作品正表现了他在这种情况下对大自然的依恋之情，是一部体现回忆的作品。

1808 年，回到维也纳的贝多芬开始筹备自己作品的演出。在维也纳的首演由贝多芬亲自指挥，在首演节目单上，他写道：“乡村生活的回忆，写情多于写景。”整部作品细腻动人，朴实无华，宁静而安逸，与贝多芬的《命运交响曲》同为世界上最受欢迎的交响曲之一。

《F 大调第六交响曲》（《田园交响曲》）是贝多芬交响乐中唯一的标题音乐。所谓标题音乐是指音乐具有故事性、情节性，表现文学概念或绘画场面。贝多芬的《F 大调第六交响曲》被认为是标题音乐的典范。贝多芬在这部交响曲里向 19 世纪的浪漫主义音乐跨进了一步，因此，对于浪漫主义作曲家来说，标题性是一个很重要的原则。贝多芬对于标题性的处理是多样化的，一方面，可以在这首交响曲里看到一些自然主义的创作手法，包括对声音的模仿，比如雷雨声、鸟鸣声等。在这方面，贝多芬还没有完全脱离 18 世纪的插图性质的标题性。另一方面，在这部交响曲里，贝多芬又体现出了对标题性所做的浪漫主义的处理，即以抒情的手法来表达现实中的形象。这部交响曲是通过情绪来表达情景的。贝多芬给这部交响乐加的标题是“田园生活的回忆”，他在总谱的扉页上特别注明：“主要是感情的表现，而不是音画。”贝多芬怕人们误解他的音乐，更明确地说：“《田园交响曲》不是绘画，而是表达乡间的乐趣在人心里所引起的感受。”他强调的是人的精神世界而不是描摹自然。

《田园交响曲》共分五个乐章，每个乐章各有一个小标题。其中第三、四、五乐章连续演奏：

第一乐章，初到乡村时的愉快感受。由双簧管呈现出明亮的第一主题，充满浓郁而清新的乡间气氛，使人们感受到贝多芬投身大自然后的喜悦心情。音乐在平静安宁的气氛中进行，第一主题和第二主题反复交替，作者并未在主题上加以发挥，只是朴实地重复，形成恬静清新的自然美景，音乐自然流动，没有强烈的力度变化，表现出人在大自然的怀抱中得到的精神安宁。

贝多芬《田园交响曲》曲谱部分

第二乐章，溪边景色。这是一个描写静观默想的乐章，在如小溪潺潺的第二小提琴、中提琴与大提琴的伴奏下，第一小提琴所呈现的第一主题显得悠扬而且明亮、清澈。音乐如清澈的溪流，舒缓平静，偶有熏风微拂，水面上荡起轻微的涟漪，扭动着水面上倒映的白云树影。远处的树林好像在做着深呼吸，音乐的律动微微开合，暗示着一种生命的韵律涵养在广阔的大自然里。一组木管乐器模仿的鸟鸣打破了宁静，音乐更加富于诗意。据《贝多芬传》的作者辛德勒记载，他曾经陪伴贝多芬在海利根施塔特一条山谷旁的小溪边漫步，途中，贝多芬踏上一片草地，背靠着一棵树说："我就是在这儿创作了《小溪边》，黄鹂、鹌鹑、夜莺和杜鹃都鸣叫着，我把它写进乐曲里了。"该作品第二乐章结尾处，有三种木管乐器模仿了小溪边的鸟鸣。这一自然主义的乐段，在当时引起了相当大的争议。囿于古典乐派的传统观念，人们认为如此粗糙、未经处理的声响，根本不适宜用在交响曲中，甚至不能被称为音乐。但柏辽兹为贝多芬进行了辩护，认为他的手法相当高明，有着极强的感染力。并称如果"鸟鸣声是幼稚的模仿"，那对"风暴中的电闪雷鸣、风起云涌"又该作何评价；更称这时贝多芬已几乎耳聋，这些鸟鸣声可以说是对于声响世界的回忆和缅怀。

第三乐章，乡村欢乐的集会。这个乐章的主题是如牧笛风格的旋律，单纯活泼，表现了欢笑的乡民来自四面八方，并跳起了快乐的舞蹈。音乐取材于民间旋律，描写乡间村民兴高采烈的舞蹈场面，活跃而喧闹，质朴而粗犷，像一幅色彩鲜明、线条粗犷的民间风俗画。当欢乐的场面达到顶点的时候，音乐出现了一些不安并很快变成远处的雷声，欢乐的集会被打断。

第四乐章，暴风雨。在这一乐章中，狂风呼啸，裹挟着雷电排山倒海般袭来，转瞬间便笼罩了一切。整个乐队都在急速飞旋，弦乐刮起一阵阵旋风，倍大提琴发出沉重的怒号，短笛凄厉的尖啸像是狂风呼啸，铜管和定音鼓的霹雳令大地震颤，包含乐队全部音域的半音下滑好像风暴在横扫一切，想把世界带进地狱一般。但是，“卷地风来忽吹散”，暴风雨很快就过去了，代替它的是田园牧歌。

第五乐章，牧人的歌。“牧歌，暴风雨过后欢乐和感激的心情。”乐章的主题恬静开阔，像牧人在田野中歌唱，表现了雨过天晴后的美景。雨后复斜阳，大地恢复平静，草地发出清新的馨香，牧歌传达着对大自然的感激之情，这种喜悦、安宁、欣慰的情绪一直贯穿这个乐章，整部交响乐在这样的气氛中结束。

贝多芬从小热爱大自然，常常到波恩的乡间漫游。来到维也纳之后，他还恋恋不舍故乡的山山水水、一草一木。贝多芬认为在乡村生活是一种幸福，他在给朋友的信中写道："我就像孩子一样高兴，一旦漫游在灌木丛中，在森林里，在树下，在野草和岩石间，那是多么快乐啊！"他认为大自然没有嫉妒，没有钩心斗角，没有不诚实，没有人世间的一切邪恶。在大自然的怀抱里，无论是在林间、溪边、树下、石旁还是在草地上，他都可以随心所欲地坐下或躺着，一待就是好几个小时。日月星辰、山川河流、花草虫鱼都成了他的朋友。他感受到一种狂喜。贝多芬把对大自然的全部感受都融入了他的音乐之中。

1808 年 12 月 22 日，贝多芬在维也纳剧院举办了一场具有历史意义的音乐会。音乐会上演奏了他最近几年来的作品，其中就包括《田园交响曲》《命运交响曲》等。虽然当时在场的观众并没有一下子就感受到贝多芬这几部作品的巨大魅力，但是现在我们回首来看，这场音乐会是无与伦比的，至今，《命运交响曲》《田园交响曲》依然在世界各地的剧院中长演不衰。

贝多芬作品演奏会

歌　　德

在贝多芬的生命中，出现过很多对他影响至深的人物，比如莫扎特、拿破仑。歌德也是其中之一。

歌德于 1749 年 8 月 28 日出生于法兰克福镇的一个富裕的市民家庭，曾先后在莱比锡大学和斯特拉斯堡大学学习法律，也曾短时期当过律师。他年轻时曾经梦想成为著名画家，在绘画的同时他开始了文学创作。但是在他看到意大利著名画家的作品时，他觉得自己无论如何努力都不可能与那些大师相提并论，于是开始专注于文学创作。歌德是德国狂飙运动的主将。他的作品充满了狂飙突进运动的反叛精神，在诗歌、戏剧、散文等方面都有较高的成就，主要作品有剧本《葛兹·冯·伯里欣根》、中篇小说《少年维特之烦恼》、未完成的诗剧《普罗米修斯》和诗剧

歌德

《浮士德》的雏形《原〈浮士德〉》，此外还写了许多抒情诗和评论文章。在魏玛市的最初十年，歌德埋头事务，很少创作。到意大利后，他陆续完成了早已开始的一些作品，写出了《在陶里斯的伊菲格尼亚》和《爱格蒙特》等作品，也写了《塔索》和《浮士德》的部分章节。

《少年维特之烦恼》在欧洲名噪一时，直接影响了欧洲青年们的思想。贝多芬自然也不例外。从这部作品开始，他就狂热地崇拜着歌德。1808 年，歌德的著作《浮士德》问世了。贝多芬又被这部博大精深的巨著所深深地震撼。他甚至打算为《浮士德》谱曲。贝多芬曾经这样热情洋溢地谈起歌德的诗歌："歌德的诗对我有着巨大的吸引力，这不仅是由于它的节奏的缘故。这种语言刺激我去作曲。要知道，它本身就构成了高阶的秩序，精神的活动仿佛要通过这些较高秩序似的，因为这秩序本身就具有和谐的神秘性。"

贝多芬真的为歌德的作品写过音乐。1810 年，贝多芬为歌德的《爱格蒙特》写了十首曲子。原因就在于贝多芬被这部作品中的英雄人物深深感动。他为之谱曲，既是对作品中英雄人物的致敬，也是继续抒发自己内心的英雄主义情结，更是对歌德这位伟大的文学家的致敬。贝多芬在写完这部作品之后，专门把自己的作品寄给歌德。歌德在听了贝多芬的音乐之后说："贝多芬竟用一种惊人的天才完全领会了我的意思！"

1812 年夏天，贝多芬来到波西米亚的特普里斯温泉疗养。恰好 7 月 15 日，歌德也来到了这里。7 月 19 日，歌德主动拜访了贝多芬。这次见面是历史性的，不过他们之间却发生了一点点的不愉快。

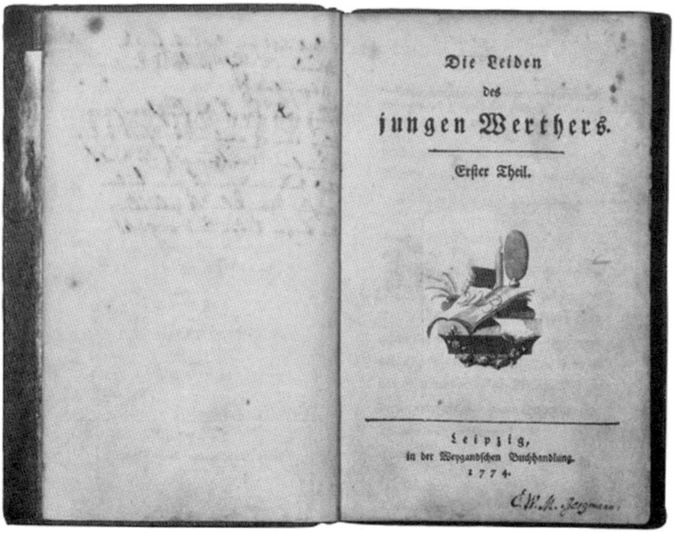

歌德作品《少年维特之烦恼》1774 年首印本

贝多芬是一个放荡不羁，同时又非常自负的人。他敢于蔑视权贵，在他眼里，所谓的皇室、贵族都不是什么了不起的人，只有那些身上具有非凡才华的人才能真正称得上伟人。但歌德是一位非常有教养的绅士，他对王室贵族表现得异常尊敬。当时，奥地利皇后也在温泉疗养。歌德和贝多芬在散步的时候，歌德表达了对皇室的敬意，而贝多芬却不以为然。他告诉歌德："你大可不必这样敬重他们，你应该干脆让他们知道你的本事有多大，或者让他们永远都捉摸不透。国王和公爵能够制造教授和枢密官，能够颁发勋章，授予种种称号，但是制造不出伟大的人物，制造不出出类拔萃的人才。因此，他们应该在我们身上看到称得起伟大品质之处。"

后来，贝多芬在给朋友的信中提到："歌德身上的宫廷气味太浓厚了，已经超过了一个诗人应有的程度。"而歌德对贝多芬的评价也充满了不理解："贝多芬的才华令我惊异，可惜他是一个桀骜不驯的人，不受任何拘束。他觉得这个世界可憎，那当然没错。但他如此处世，无论对人对己都不会带来快乐。当然，这是情有可原的，而且让人感到惋惜，他双耳失聪，这疾病对他社会方面的损害比对他音乐方面的损害更大。"

不过真正让他们不欢而散的，是歌德没有完全理解贝多芬的音乐，或者说，歌德是一个内心非常克制的人，他没有给予贝多芬自己认为可以得到的赞誉。这让自负的贝多芬感到不可接受。在贝多芬为歌德即兴演奏作品之后，歌德出于礼貌，对演出表达了赞许之意，而贝多芬感到非常失望。他告诉歌德："先生，您这种态度我真是没有想到。几年前，我在柏林开了一次音乐会，我竭尽全力地表演，期待着掌声，结果毫无反应。我太伤心了，但最后我才知道了原因，原来柏林的听众都是温文尔雅的，他们挥动着被感动的泪水沾湿了的手绢向我致意。这些听众是浪漫型的而不是艺术型的听众。但是，您也是这种反应我就接受不了了。当您的诗歌萦绕在我的脑中时，它就变成了音乐，但音乐能否达到您诗歌的高度，我没有把握。我在您面前的演奏完全失败了！如果连您也不承认我，不把我当成志同道合的朋友来尊重，那我要到哪儿才能找到知音呢?"

他们之间的不愉快，归根结底是贝多芬对歌德太崇敬了，他迫切地希望能够得到歌德的肯定。但是他们两人性格迥异，在行为处事、情感表达上都有太多的不同，而且他们见面也只有短短的几天，不能全面地了解彼此。虽然发生了不愉快，但是贝多芬依然非常崇拜歌德，他在十年之后给朋友的信中还在回忆这次会面：“你认识那位伟大的歌德吗？我也认识他呢。我在特普里斯就和他认识，天知道我们聊了多长时间！我那时并不像现在这样聋，但是我已经不大容易听见了，这位伟人多么耐心地对待我啊！这令我感到幸福，就是为他牺牲十次生命我也愿意！”

伟大的思想家罗曼·罗兰在《歌德与贝多芬》一书中，曾经对他们两人的关系作了如下的概括：“比较起来，歌德是蕴藏着更多的精神弱点的，但是心灵的力量已经认识它的弱点并且划定了它内在的王国的界线；贝多芬的疆土是那无垠的天空，他的眩人的吸引力、他的豪侠之气和他的危险性都源于此……就这样，这两个人互相从身边走过，但却没有彼此看见。一个爱得最深的，却只会伤那个的感情；那个呢，最能理解人的，却永远不认识那最接近他的伟大的，他的唯一的平辈，唯一配得上他的人。”罗曼·罗兰的分析如此精到，让我们对这两人的会面也感慨万千。虽然歌德没有真正理解贝多芬，但是贝多芬能够从歌德的作品中寻找到如此多的创作灵感，让自己的音乐也闪耀着歌德作品的光辉，这就是两人最完美的融合！

《致爱丽丝》和《第八交响曲》

《致爱丽丝》是贝多芬创作的一首钢琴小品，也是贝多芬最著名的钢琴单曲之一。这首作品以其优美的曲调和意境成为不朽的传世之作。但乐谱发现于 1867 年，因此贝多芬生前并未发表。

关于这首乐曲的创作背景有许多种说法。其中受到广泛认可的观点是这首乐曲可能是作者 40 岁时（1810 年）为他的学生，名叫伊丽莎白·罗克尔的女高音歌唱家所作。伊丽莎白·罗克尔是德国的女高音歌唱家，也是男高音歌唱家约瑟夫·奥古斯特·罗克尔的妹妹。1807 年，14 岁的伊丽莎白跟随哥哥来到维也纳，很快就被贝多芬所接纳，成为他身边为数不多的朋友之一。伊丽莎白后来嫁给了贝多芬的朋友。贝多芬在创作这首乐曲时，两人保持着亲密的友谊，显然这首曲子是献给她的。那段时间里，在贝多芬的生活中从来没有出现过叫爱丽丝或伊丽莎白的其他女性，爱丽丝是伊丽莎白的昵称。可以确认的是，贝多芬十分喜欢她。

关于这首曲子的创作背景还有两个传说。其中一个说法是这首作品作于1808—1810年间，贝多芬当时教了一个名叫特蕾莎·玛尔法蒂的女学生，并对她产生了好感。在心情非常甜美、舒畅的情况下，他写了一首《致特蕾莎》的小曲赠给她。1867年，在斯图加特出版这首曲子的乐谱时，整理者把曲名错写成《致爱丽丝》。从此，人们反而忘记了《致特蕾莎》的原名，而称之为《致爱丽丝》了。第二个说法不是很可信：贝多芬12岁时，到一个富商家里去教钢琴，贝多芬非常喜欢这家的女儿爱丽丝。这首钢琴曲是贝多芬那个时候创作的。

我们先不管这首作品的创作背景到底是怎样的。我们能够从这首作品中感受到贝多芬为我们带来的美感和愉悦，才是最重要的。此曲形象单纯技巧浅显，显然是为了适应初学者的弹奏程度。《致爱丽丝》发表以后不胫而走，几乎成为初学者必弹的曲目之一，也成为最经典的曲目之一。

贝多芬《致爱丽丝》曲谱部分

贝多芬在1811年到1812年间创作了富有英雄主义风格的《A大调第七交响曲》。1812年，贝多芬又马不停蹄地完成了《F大调第八交响曲》的创作。贝多芬在第八交响曲的手稿上标注着“1812年10月，于多瑙河上的林兹”。这部交响曲贝多芬采用了明快的F大调，而在其他交响作品中同样采用F大调的还有《F大调第六交响曲》，可见其风格也应该是清丽、自然、快乐的。在篇幅上，该曲是九部作品中比较短小精悍的，似乎很不起眼，但却非常有特点。

1814年2月17日该曲在维也纳的舞会剧院首次演出，立即获得极大的成功，由于反响热烈，这次音乐会的全部节目几天后又重演一次。当他的友人指出这新的《F大调第八交响曲》不如其他作品受人欢迎时，贝多芬生气地说：“那是因为它比其他作品好得多！”与《A大调第七交响曲》比较起来《F大调第八交响曲》的整个织体更为细腻，更为精致复杂。在某些方面它更为大胆，尽管看起来它比较严谨。虽然写作时贝多芬的生活并不顺利，但该作品依然有着轻松愉快的风格。其篇幅虽然短小，但精悍紧凑，充分体现了贝多芬的作曲技艺。与贝多芬的其他作品类似，该交响曲的末乐章分量最重。

乐曲共分为四个乐章。第一乐章，交响曲以一个十分可人的工整而对称的短小主题开始。初听起来，它像是出自 18 世纪晚期那些写轻松愉快的交响曲的作家之手。在这里，贝多芬好像暂时回到了过去的洛可可式的雅致中。但这彬彬有礼的一躬还没有鞠完，他就忘掉身上的化装舞会服装，拿出老样子，大摇大摆地走来。这使他很快地进入第二个主题。这里，他迟疑一下，好像又在和旧的古典公式开玩笑。他就这样继续走，尝试着每一次前进的步态，每一次音乐的变化。对这些，他都用卓越的熟练技巧和机智加以处理。他把主题一分为二，在不同的乐器上加以发展，构成小型的交响高潮。开头素材的再现和活力充沛的尾声在意想不到的文静、幽默中结束。

第二乐章虽然速度较快，却担当该交响曲中“慢乐章”的角色，尽管它并不像传统的慢乐章那样抒情而富有歌唱性。该乐章情绪轻松幽默，速度相对一般慢乐章而言也较快。后来，它用这个主题即兴写了一首开玩笑的轮唱曲：“答，答，答，我亲爱的玛扎尔，愿你生活得好，很好很好……”轻快的旋律驰骋在木管与法国号吹奏的单纯节奏之上，幽默快活。“答，答，答”，这种整齐的响声是指节拍器。然而，该论点一直受到争议。节拍器一般的机械节奏已经被海顿在其《第101交响曲》(《时钟交响曲》)中用于对时钟的模仿，贝多芬或许得到了类似的灵感，对新节拍器有所加快的节奏进行调侃。第二主题有一极为迅速的六十四音符动机，也许与一个有些故障的节拍器发出的声音相仿。该动机在尾声末部再次由乐队齐奏。

第三乐章是小步舞曲，但该小步舞曲和18世纪的典范并不大相同，它留有一种有些沙哑、粗鲁的节奏，以及强烈的力量和对比。例如，在起拍之后紧接着的五拍上，贝多芬指示有“sf（突强）”的字样，使得这个开头产生和整部作曲相协调的游戏、调侃意味。据说，开头圆号声的灵感，来自贝多芬对于特普利采航船上号角声的回忆。小步舞曲主题源于奥地利民歌旋律，但经过了精妙的处理；不过依然使得效果有些民间化，而非纯粹的维也纳宫廷沙龙风格。该乐章由三段曲式写成，中间有一段平和安适的三声中部，与前后舞曲形成鲜明对比。三声中部包括一段享有盛名的圆号与单簧管独奏片段。斯特拉文斯基曾赞扬贝多芬在此处的配器是“无与伦比的乐思”。

第四乐章，曲式为奏鸣回旋曲式，开头的材料再现了三次：发展部开头、再现部开头以及尾声一半处。定音鼓在此乐章内有八度的演奏，这在当时是十分不寻常的。与

第一乐章类似，该乐章中的第二主题在呈示部中处于错误的调性（属调），直到再现部中才回归主调。第四乐章尾声中，定音鼓将弦乐部的旋律“敲击”下了一个半音，使之回归到 F 大调。贝多芬在此乐章中更加强调了对比性，许多乐句都十分出乎意料，使得柏辽兹感到非常困惑。他认为这个末乐章“非常奇特”，并称贝多芬对于既有条框的冲击力是惊人的。该乐章的尾声十分重要，在贝多芬所有作品中亦有显著地位。霍普金斯认为其水准使得它简直不应当被称为“尾声”。

其实《F 大调第八交响曲》到处洋溢着一种复古气息，从中可以感觉到早期莫扎特、海顿交响作品中蕴含的古典韵味，缺少了贝多芬一贯以来突出的个性旋律。很多乐评人评价这是贝多芬的倒退，但是人们却又不得不承认，这是一部让人愉快的优秀交响曲，其间充满了智巧、幽默的成分。

之后，1814 年，拿破仑战争失利，贝多芬创作了《战争交响曲》庆祝这一事件。虽然贝多芬不是很喜欢自己的这部作品，但是在当时它却成为最受欢迎的作品。1815 年底，贝多芬被授予“维也纳荣誉公民”称号。这时候，贝多芬已经被奉为“欧洲的光荣”“最伟大的音乐家”了。他成了整个欧洲的明星！

《庄严弥撒》

1819年，贝多芬的学生兼赞助人鲁道夫大公爵被封为奥尔默兹大主教。在这之前，贝多芬就开始为他的登位创作《庄严弥撒》。弥撒曲是一种宗教音乐。弥撒又称为感恩祭献，是天主教最主要的礼仪行为之一，是天主教最神圣、最隆重的祈祷方式。弥撒是为纪念和重演耶稣所举行的最后晚餐。在最后晚餐时，耶稣把自己当作祭品献给天主圣父，为所有罪人作赎价。最后的晚餐时，耶稣吩咐他的门徒们日后要这样做来纪念他。因此，世世代代以来，教会都这样做来纪念耶稣。在每一次的弥撒中，所有参加的信徒们都会把自己的心愿和需要借着祭台上的耶稣一起献给天主圣父，祈求圣父借着耶稣十字架的牺牲而宽恕罪过、赏赐所需的一切东西。

这时候的贝多芬已经49岁了。岁月不饶人，贝多芬已经开始步入自己的晚年生活。冥冥中就是有这么多的巧合，当年莫扎特在晚年岁月里也接受了创作弥撒曲的委托，他在饥寒交迫和重病之中，坚持着弥撒曲的创作，但最终没有完成。不过贝多芬现在除了耳朵已经几乎完全失聪之外，身体还算可以。他创作弥撒曲，似乎是预知到自己应该随时做好离开这个世界的准备，不如早点动手创作弥撒曲。本来这是一部应时之作，但是作品的发展完全超出了原来的打算，成为贝多芬一生当中最后一部具有独特成就的伟大作品。

贝多芬创作这部作品达到了如痴如醉的程度。他的秘书辛德勒后来回忆当时的情景说："我们一进门……在一间反锁着门的房间里，就听到这位大师唱着《信经》中的片段，一面唱，一面叫，一面跺着脚。我们在门外，面对着几乎令人恐惧的场面听了很久。我们正要离去时，门开了。贝多芬站在我们面前，表情反常，面容可怕。他看起来像是和一大群对位作曲家——他永不妥协的敌人——作殊死的搏斗。他的头几句话说得含混不清，好像因为我们偷听了他而感到惊异和不满。"

贝多芬在海利根施塔特居住时的卧室

历时四年，贝多芬的弥撒曲终于完成了。在不同的指挥棒下，贝多芬的《庄严弥撒》有不同的样子。不过有一点是相同的，几乎没有指挥把它当作宗教作品来表现。它是一部宏伟的带人声的大型交响曲。宗教音乐长久以来就是很多音乐家争论的中心。其实问题的核心是，怎样的音乐才是“真正的宗教音乐”，究竟宗教音乐是应该回归到16世纪特伦托宗教会议后，帕莱斯特里那那种清澈的弥撒曲模式，还是应浪漫主义的要求，带上更多作曲家个人的色彩。这反映了宗教音乐的两种侧面，一方面，它是宗教仪式的产物，唱词有限定的来源，内容是重演教义，还要带有陶冶教区民众的功能。另一方面，它又要满足作曲家本人的表达愿望。这是很困难的，但是宗教音乐并未因此而贫产。各个时代都有杰作，而贝多芬的《庄严弥撒》无疑就是这些杰作中的一部。

全曲除了《慈悲经》使用希腊语外，其他篇章用的是拉丁语。贝多芬对歌词的处理显得非常特别。在《信经》中，当音乐进行到歌词“从天堂降临”时，乐声下沉，而在“飞入天堂”处则显得神采飞扬。“化为肉身”一句来临时，音乐又显出神秘的色彩。《圣哉经》里的独奏小提琴如此轻灵飘逸，仿似天使走过。

首演是在 1824 年 4 月 7 日的圣彼得堡，稿件是由贝多芬的一位贵族朋友格雷卿夫人送去的。而在贝多芬生前，维也纳只上演了其中的三段，而且不是在教堂场合，而是与《第九交响曲》一起的音乐会场合。当时一位评论家这样评论这部作品："这是他最后几部作品中最有力的一部，他发自内心的创作力未被多年来的苦难击倒，他为音乐找到谦逊的崇拜、快乐的歌颂、全心全意的肯定信仰的神圣字句。"

贝多芬开始的时候并没打算出版《庄严弥撒》，而是将之献给欧洲各大皇室。普鲁士国王、沙皇、法国和丹麦的国王都认购了一份。路易十八 1824 年还特制了一枚贝多芬金币送给他。根据贝多芬秘书辛德勒的描述，贝多芬当时的病情虽然没有因这枚金币有多大的好转，但是却深深以此金币为荣。到了 1827 年 4 月，《庄严弥撒》还是出版了。全欧洲各音乐中心订购抄本数达 200 份以上。到了 19 世纪中期，《庄严弥撒》的演出才开始变得频繁起来，但很少是出自宗教场合，而是以音乐会的形式居多。

《庄严弥撒》的题词"出自心灵，但愿能到达心灵"也成为维也纳爱乐乐团的座右铭，至今被人们铭记、传颂。贝多芬多次在谈话和信中提到，《庄严弥撒》是自己最伟大的作品。

Deutsche Grammophon
KARAJAN
BEETHOVEN
MISSA SOLEMNIS
TOMOWA-SINTOW · BALDANI
TAPPY · VAN DAM
WIENER SINGVEREIN
BERLINER PHILHARMONIKER
First international release on DVD
From the 1979 Salzburg Easter Festival
The only film and only live recording of Karajan's classic interpretation
"Watch the dominant conductor of the mid-20th century at work"
– New York Times
In DTS Surround Sound
雙盛唱片
UNITEL CLASSICA

《庄严弥撒》演出海报

《第九交响曲》

虽然《庄严弥撒》是贝多芬自己认为最伟大的作品，不过后人们更加喜爱的是他的《第九交响曲》。除去《战争交响曲》之外，贝多芬一生创作了九部交响曲。从 1800 年《第一交响曲》问世到 1808 年《第六交响曲》诞生，这九年时间里，贝多芬创作了六部交响曲。之后的四年，贝多芬没有推出交响曲。到了 1812 年，《第七交响曲》《第八交响曲》问世之后，又有 12 年时间贝多芬没有推出自己的交响曲作品。就是在这样的情况之下，1824 年，贝多芬的《第九交响曲》问世了。

《第九交响曲》是贝多芬为席勒的《欢乐颂》所创作的。关于《欢乐颂》的诞生还有一段有趣的故事。《欢乐颂》是席勒 1785 年夏天在莱比锡写的，那时他创作的戏剧《强盗》和《阴谋与爱情》获得了巨大成功。恩格斯称

《强盗》是“歌颂一个向全社会公开宣战的侠义的青年”，《阴谋与爱情》则是“德国第一个具有政治倾向的戏剧”。然而，当时席勒却爱上了卡尔普夫人。卡尔普夫人是欧根公爵的夫人，这让欧根公爵恼怒不已，他开始对席勒进行打击报复。席勒爱情受挫而且受到迫害，他想到了自杀，自杀未遂之后他就生了一场大病。正在席勒走投无路的时候，莱比锡四个素不相识的年轻人仰慕席勒的才华，写信邀请他到莱比锡去，路费由他们承担。席勒接到信后立即从曼海姆出发，不顾旅途困顿和身体虚弱，走了八天来到莱比锡，受到四位陌生朋友的热情欢迎和无微不至的关照。席勒感受到这种雪中送炭的温暖，万分感激。重新振作起来后，席勒创作了这首脍炙人口的《欢乐颂》。

贝多芬年轻的时候就热爱席勒的作品。他很早就想为《欢乐颂》谱曲，但却一直未能实现。1822 年，伦敦爱乐乐团邀请贝多芬访问伦敦，并希望能购买贝多芬新的交响曲作品。在这种情况下，为《欢乐颂》谱写交响曲的想法又浮现在贝多芬的脑海中。虽然伦敦方面希望在 1823 年就拿到曲谱，但贝多芬却希望能够创作出一部惊世骇俗的作品，因此他花了一年半的时间努力创作，终于在 1824 年将全谱创作完成。按照合同，这部作品原本应该拿到英国的伦敦去首演，但是贝多芬觉得音乐之都维也纳才是最好的选择。可是贝多芬的音乐风格在当时的维也纳受到罗西尼歌剧的强烈冲击，有些人甚至攻击贝多芬的音乐已经过时。面对这种情况，贝多芬又想把首演改到柏林举行。这时候维也纳听众熬不住了，他们强烈呼吁《第九交响曲》应该在维也纳首演，很多人联名写信给贝多芬要求他留在维也纳，信中洋溢着真挚的情感。贝多芬为此回心转意，开始筹划作品在维也纳的首次演出。

在演出前的排练过程中，又出现了很多问题。贝多芬的这部作品确实是对乐团乐手的严峻考验，有不少段落演奏起来颇有难度，需要乐手有扎实的功底和出色的技巧。而且《第九交响曲》也是贝多芬最为引人入胜的一部交响曲作品，其中一些高难度的段落令当时参加首演排练的歌唱家的表现不够完美，贝多芬非常恼怒。综合这些因素，第一次合练的效果很差，有人甚至建议贝多芬改动某些段落，以减小表现上的难度。但是对艺术追求完美的乐圣坚持自己的理念，没有改动一个音符。为此，演出日期不得不一改再改。

贝多芬《第九交响曲》碟片封面

幸好随着时间的推移，排练逐渐有了起色，并且越来越好。终于，1824 年 5 月 7 日在维也纳凯伦特纳托尔剧院，贝多芬《第九交响曲》的首演音乐会隆重举行！这次演出可谓盛况空前，久违的欢呼、久违的热烈气氛，重新回到贝多芬的周围。当整部作品演奏完毕之后，出现了很多难以看到的音乐会场景——观众们近乎疯狂地鼓掌、欢呼，很多人流下了激动的泪水，人群不住地朝着舞台的方向涌去，人们被这恢宏的旋律所打动，已经顾不得礼仪。而贝多芬本人虽然因为耳聋，已经听不到任何欢呼声和掌声，却依旧为这超乎寻常的热情场面激动得晕厥过去，一度不省人事……

《第九交响曲》共四个乐章。

第一乐章的第一主题严峻有力，表现了艰苦斗争的形象，充满了巨大的震撼力和悲壮色彩，这一主题最开始在低沉压抑的气氛下由弦乐部分奏出，而后逐渐加强，直至整个乐队奏出威严有力、排山倒海式的全部主题。第二主题木管乐器显现出一丝悲凉的气氛。弦乐器紧张的搏斗将乐曲引向高潮。作曲家一开始就用一种严肃、宏大的气势表达出整部作品的思想源泉。其实这是贝多芬很多作品中反复表现过的主题——斗争，也折射出斗争的必然过程——艰辛。旋律跌宕起伏，时而压抑、时而悲壮，我们似乎看到勇士们不断冲击关口，前赴后继争取胜利的景象。

紧接着的第二乐章用了极活泼的快板，而且是庞大的诙谐曲式。整个第二乐章主题明朗振奋，充满了前进的动力，似乎是给正在战斗的勇士们以积极的鼓励，让人们一下子在阴云密布的战场上看到了和煦的阳光和蓝色的天空，可是在其中人们依然可以体会到生活的艰辛。仔细品味，大家不难发现，到了乐章最后，旋律重新开始急促起来，隐约透露出非常不安的气氛。

第三乐章是慢板乐章。这个乐章相对前面两个乐章显得宁静、安详了许多，旋律虽然平缓，但是不失柔美。法国著名作曲家、乐评家柏辽兹评价此乐章是“伟大的乐章”。第三乐章共两个主题，其中第一主题充满了安静的沉思，具有强烈的抒情性和哲理性，第二主题温文尔雅，富有浓厚的浪漫主义气息。在前两个乐章表现出激烈的战斗场面之后，第三乐章似乎是大战中短暂的平息，但乐曲在奏完第一主题之后，却出现了猛烈的号角声，说明革命尚未结束。

第四乐章是整部作品的精髓，通常划分为两个部分——序奏以及人声。在一些唱片中，第四乐章单独占据一个轨道，也有一些唱片把序奏部分和人声独唱、重唱、合唱部分分为两轨，但其实两者都属于第四乐章这个整体。其中的人声部分所演唱的正是德国诗人席勒的诗作《欢乐颂》。在人声部分上台之前，音乐经历了长时间的器乐部分演奏的痛苦经历，含有对前三个乐章的回忆。这个序奏部分是坚强刚毅，惊心动魄的。接着木管徐徐地引出了“欢乐颂”的主题，好像一缕阳光突破浓密的云层洒向大地，整个欢乐的主题渐渐拉开序幕，大提琴与低音提琴奏响了欢乐主题，继而加入中提琴、大管、小提琴等乐器，意味着贝多芬真正的理想王国就在眼前。经过了一系列的铺垫，人声部分终于浮出水面，开始了《欢乐颂》的吟唱。紧接着乐队奏出了多重赋格，将乐曲推向第一个高峰。待平息之后，合唱团闪现《欢乐颂》与《工人们团结起来》的旋律，将乐曲推向光辉灿烂的结尾。伴随着激情澎湃的唱词和急速雄壮的旋律，《欢乐颂》唱出了人们对自由、平等、博爱精神的热望。当然贝多芬并没有照搬席勒的原诗，而是以自己独到的理念，配合音乐的需要做了一定的删节和修改。在激动人心的歌词和贝多芬恢宏旋律的相互烘托下，在四个不同声部人声的独唱、重唱以及大合唱团的合唱下，《欢乐颂》得到了升华，欣赏的人们得到的是无与伦比的奋进力量和精神支柱。乐章的最后，这种气氛被表现到了极致，整部作品在无比光明、无比辉煌的情景下结束。

在《英雄交响曲》中，贝多芬揭示了人类本身所具有的英雄般的崇高力量。在《命运交响曲》中，贝多芬揭示了人类利用这种英雄力量与命运进行顽强抗争的过程。而到了《欢乐颂》，贝多芬揭示出来的则是人类战胜命运之后所达到的自由的境界。这部宏大而神圣的乐曲表达出了全人类共同的理想！在《第九交响曲》创作的最后关头，贝多芬甚至还不舍得过早地就把歌唱《欢乐颂》的部分放到自己的作品中。他并不愿意把《第九交响曲》作为自己在交响乐领域的封笔之作，作为自己最高理想的体现，当时他还在计划着《第十交响曲》甚至《第十一交响曲》《第十二交响曲》。但最后乐圣还是妥协了。或许是宿命、或许是巧合，《第九交响曲》成了贝多芬最后一部交响曲，最终成为他作曲生涯的巅峰。如今，《第九交响曲》被公认为是贝多芬在交响乐领域的最高成就。甚至有很多作曲家、音乐家认为已经没有任何作品能够超越这部作品的成就，无论这种说法是不是有失偏颇，贝多芬《第九交响曲》都将是永恒的。

如今距离1824年的首演盛况已经过去近两百年了，但是贝多芬的《第九交响曲》和《欢乐颂》却成了长盛不衰的经典作品。在这两百年岁月中，几乎所有的后辈音乐家、作曲家都为这部宏伟的作品所倾倒，更有无数业余的听众被这部作品所带来的音乐哲理、音乐气度所感染。1831年复活节，瓦格纳将该作品改编为钢琴独奏。勃拉姆斯的《第一交响曲》末乐章主题与《欢乐颂》主题很相似。据说勃拉姆斯对此的回应是“笨蛋都看得出来”，因而可能是有意为之。布鲁克纳的《第三交响曲》中，也运用了半音构成的四度，与该作品首乐章尾声基本相同。马勒的《第一交响曲》首乐章的开头处，可能是在模仿该作品开头的织体和氛围。因为这部作品，贝多芬成了神一样的人物，《欢乐颂》成为人类历史长河中永远不灭的自由、和平之明灯。

冷战期间德国分裂时，《欢乐颂》曾作为其奥运会联合队的队歌。1972年，欢乐颂的音乐（无歌词）被采用为当时的欧洲共同体之歌，1985年则成为欧盟盟歌。科索沃独立后亦将《欢乐颂》作为其国歌。

伟人的故去

从 1815 年开始，贝多芬的那些资助者们随着战争的进展而死的死，散的散，能够留下来的不多了。贝多芬也失去了原来优越的生活环境。他不得不开始考虑生计问题。贝多芬小的时候迫于生计而走上音乐的道路，到了后半生，依然需要依靠音乐来解决最基本的生活问题。但他毕竟是一位艺术家，有时候，本来是为了挣钱而进行的音乐创作，最后还是会成为为创作而进行创作。《第九交响曲》就是最好的证明。当时他是接受了伦敦爱乐乐团的约稿才开始创作，但最后他全身心投入其中，比预定的交稿日期晚了一年才定稿，因为他是用心在创作，用心在写音乐。

但这毕竟会影响他的生活，他在晚年经常说自己穷困潦倒。他不修边幅，一脸寒酸相，而双耳失聪、桀骜不驯的性格又使得他不愿意参加公众活动。他更愿意独处。当他沉浸在自己的音乐世界里的时候，经常会表现出狂暴、不羁的状态，因此逐渐落下了“粗鲁、孤僻”的名声。疾病也在晚年如影随形地伴着贝多芬。除了耳聋，他还患有风湿病、黏膜炎、肺炎、冠心病、黄疸病等。这些晚期的病症折磨了贝多芬四个月之久，死亡的阴影也逐渐逼近这位旷世天才。由于长期受疾病的折磨，即使是挺过了耳聋打击的贝多芬，也逐渐接近精神崩溃的边缘。

真正给贝多芬最大打击的，是贝多芬的侄儿小卡尔。小卡尔是贝多芬的弟弟卡尔的儿子。卡尔在1815年死于肺炎，临死前，卡尔指定哥哥贝多芬和自己的妻子为小卡尔的监护人。但是贝多芬非常讨厌这位弟媳，他们经常会为了卡尔的抚养问题发生激烈的争吵。最终，两人开始争夺小卡尔的监护权。1816年2月20日，法院将小卡尔的监护权判决给了贝多芬。贝多芬欣喜若狂。终生未婚的贝多芬多么希望能够有谁来继承自己的音乐才华！他开始像父亲一样教育自己的小侄子，但是小卡尔却不喜欢这位伯父。他离家出走去找自己的母亲，希望能够同母亲一起生活。甚至在一定程度上，他觉得法院的判决是不合理的，自己就应当同母亲生活在一起，而不是同这位狂暴、孤僻的伯父。之后，小卡尔的母亲从法院夺回了小卡尔的监护权。

但贝多芬不服输的性格这个时候表露无遗，他又向法院提起诉讼，最终重新夺回了监护权。

虽然重新夺回了监护权，但是小卡尔却非常痛恨自己的伯父。贝多芬希望他能够成为一名出色的音乐家，但是卡尔满脑子都想着去从军。实际上，凡是贝多芬让他去做的事情，他一定要反其道而行之。小卡尔曾经说过：“因为伯父要我上进，所以我变得更加下流。”1826 年 7 月 30 日，小卡尔自杀未遂。虽然他没有死成，但却将贝多芬内心的希望全部打碎了，贝多芬的精神彻底垮掉了。他已经心力交瘁，病情也急剧恶化。

1826 年底，贝多芬患了严重的肋膜炎。病情急剧恶化，他全身发黄，严重的腹泻伴着呕吐。身边没有其他亲人的贝多芬让自己的侄儿去请医生，但小卡尔却完全不放在心上。两天之后，在外面玩够了的卡尔才想起自己是不是真的应该去请一个医生回家，但这个时候已经晚了，贝多芬全身严重水肿，身体器官也在衰竭。

位于波恩明斯特广场的贝多芬雕像

在这样的情况下，小卡尔从军了。1827 年 2 月 27 日，贝多芬做了第四次手术，也是最后一次手术，手术的效果并不是特别好。3 月 26 日，伟大的贝多芬耗尽了自己最后一丝气力。水肿病将这位音乐史上的巨人永远地带走了！

三天之后的下午，维也纳举行了盛大的葬礼。光是来参加葬礼的就多达两万人。贝多芬的葬礼可以说是拿破仑占领维也纳以来最为壮观的场面。八位音乐家抬着灵柩，后面跟随着长长的送葬队伍。虽然这些人中，并不是所有人都能够真正理解这位伟大的音乐家，但是所有人都知道，这是一位英雄！这让我们想起了莫扎特的葬礼。莫扎特在 1791 年去世的时候，饥寒交迫，只有几位好友相送。因为天降大雨，送葬的人只送到城门那里就各自回家了。几位工人将莫扎特送到乱葬岗胡乱埋了，至今人们依然不知道莫扎特埋葬的确切位置。现在，维也纳的人们终于意识到自己所犯的严重错误，他们隆重地安葬了贝多芬。或许是因为在这样一个时代，贝多芬引领着德国人民的反抗，歌颂着英雄主义，喊出了时代的最强音，维也纳在哭泣……

奥地利戏剧家格里尔帕策为贝多芬写了悼词。在悼词中，他代表维也纳人民向贝多芬致以最高的敬意。我们也就以格里尔帕策的悼词为本文的结束语，向贝多芬致意，向英雄致意！

他也是人……是一位最完全、最崇高的人。由于他退出了这个恶浊的世界，便被说成是憎恨人类，因为他厌恶伤感，便被认为是冷酷无情。啊！一个自知心如坚石的人往往是不会畏缩不前的！脆弱者大多经不起挫折，易于屈服或自弃；而机敏过人者倒是无所流露，不轻易表白其内心世界。他逃避世俗，因为他的仁爱天性中找不到与世为敌的武器。他引退人世，因为他献出了自己的一切，从不计较报答。他孑然一身，因为他找不到一个知己，归根结底他那火热的心为所有人狂跳不已，他为全世界献出了毕生心血和一切！

他就是这样度过了一生，也就是这样死去，他将永远活在人们的心中。

跟着我们来到这里的人们，希望你们的心不要因此而悲伤过度！人们并未失掉他，而是赢得了他。活着的人是不会进入这座神圣的殿堂的，不到肉体消亡之前，它的大门是不会为他敞开的。你们所悼念的人现在已走进历代伟人的行列，永远不再遭受折磨！因此，你们带着沉痛的心情回家的时候，要多节制、保重！终有一天，你们会感到他的作品那排山倒海和势不可当的威力！当你们那渐渐增长的喜悦在未来一代人中到处洋溢的时候，请回忆一下这个时刻，想想这个时日，当他们埋葬他的时候，我们也都在他的身旁，当他与世长辞的时候，我们都曾为他哭泣！

贝多芬墓

附录： 贝多芬年谱

1770 年贝多芬出生于德国波恩。

1774 年开始跟父亲学习钢琴。

1778 年跟艾登学管风琴。3 月 26 日第一次在科伦登台演奏。

1781 年随同母亲去荷兰鹿特丹旅行。

1782—1783 年于奈弗门下正式学习音乐，并在科赫等人门下学管风琴。拜罗凡提尼为师，学习演奏小提琴。开始作曲，发表变奏进行曲、三首钢琴奏鸣曲、赋格曲、两首钢琴回旋曲和一首钢琴协奏曲等。

1783 年 11 月在海牙举行音乐会。

1784 年担任第二宫廷乐师。

1785 年创作三首钢琴四重奏。

1787 年贝多芬第一次来到维也纳并拜访莫扎特。

1787 至 1789 年创作《f 小调前奏曲》、两首前奏曲和两首钢琴三重奏等。

1790 年创作《骑士芭蕾》（献给华尔斯坦。1791 年 3 月 6 日上演）。

1792 年 11 月第二次赴维也纳。拜海顿等人为师。

1795 年共创作作品第 1、2、3、87、103、19、46、129 等（其中作品第 2 号为三首钢琴奏鸣曲，作品第 19 号为钢琴协奏曲）。波恩时期结束。

1793 年贝多芬决定定居维也纳。

1795 年春，学业结束。在维也纳第一次演奏自己的作品。三首钢琴三重奏（作品第 1 号）出版。

1796 年 2 月赴布拉格、德累斯顿、莱比锡和柏林。会见普鲁士国王费迪南。

1797 年其早期作品开始受维也纳重视。开始招收学生。

1796—1797 年创作《降 E 大调弦乐五重奏》（作品第 4 号）、两首钢琴和大提琴奏鸣曲（作品第 5 号）。

1798 年听觉衰退，开始人生的大苦闷、大烦忧和大压抑。

1799 年，创作作品第 9、10、11、12、13（《悲怆奏鸣曲》）、14、20 和 21 号（《第一交响曲》）。

1801 年在荷夫堡上演芭蕾舞剧《普罗米修斯的创造》。与朱丽叶相恋。失聪给他带来极大的痛苦。

1802 年收车尔尼和里斯为学生。是年 10 月写下《海利根施塔特遗嘱》，嘱两个兄弟在他死后拆开。创作作品第30、31、33、34、35、40（即《G大调浪漫曲》）、50（即《F大调浪漫曲》）和36号（即《第二交响曲》）等作品。

1803年至1804年创作《第三交响曲》，进入创作的成熟期。

1804年改原来献给拿破仑的《第三交响曲》为《英雄交响曲》。

1805年4月7日首次公演《英雄交响曲》。1804—1805年创作作品第32、53、54、57、56和72号等作品。11月13日法军攻占维也纳。

1806年12月23日首次演奏《D大调小提琴协奏曲》。创作《第四钢琴协奏曲》、三首弦乐四重奏（作品第59号）等作品。

1807—1808年创作《命运交响曲》《田园交响曲》以及作品第62、69、70、80和86号等作品。

1809—1810年创作《第五钢琴协奏曲》《埃格蒙特》以及作品第74、76、77、78、79、81（a）、75、83和95号等作品。耳聋更严重，与许多亲友疏远，陷入孤独的境地。

1811—1812 年创作《第七交响曲》《第八交响曲》，以及作品第 96、97、113 和 117 号等作品。在特普里斯第二次同歌德会面。1813 年 12 月 8 日写完《威灵顿的胜利》。进入生活危机和创作危机时期。

1813—1814 年，创作作品第 89、90、94、115、118、116、91、136 号等作品。

1815 年弟弟去世。领养不成器的侄子卡尔，给贝多芬日后带来许多人生的烦忧。

1816 年因耳聋停止公开演奏钢琴。

1815—1816 年创作第 98、101、102、112、108 号等作品。

1817 年创作《五重奏赋格》（作品第 137 号）。

1818 年创作《B 大调钢琴奏鸣曲》（作品第 106 号）。

1819 年听觉完全丧失，开始使用谈话簿。开始写《庄严弥撒》。

1821 年黄疸病。创作第 110 号钢琴奏鸣曲。

1822 年贝多芬会见罗西尼和 C. M. von. 威伯。

1820—1822 年，贝多芬创作第 109、111、119、121（a）、124、120 号等作品。

1823 年完成《庄严弥撒》。